産む気もないのに生理かよ！

月岡ツキ

飛鳥新社

産む気もないのに生理かよ！

はじめに

「『子供が欲しくない』って言葉にするの、怖くない？　本当に〝そっち〟に流れちゃいそうで」

と女友達が言った。30代の女だけの飲み会で定番の話題である「子供を産む・産まないの話」になったときのことだ。

飲み会の構成員の人生ステータスはさまざまで、独身の者、既婚子ありの者、彼氏と同棲中の者、そして私。

彼女の言葉は私に向けたもので、私は結婚していて子供はいない。「これからも〝ナシの方向〟で行く〝かも〟」と親しい人には言っている。

既婚子ありの者の子育ての苦労話（いかに睡眠時間が確保できないか、いかに子供が離乳食を食べないかなど）や、家事育児をしない夫への愚痴《ぐち》（部屋が散らかっているのになぜ掃除をせずゲームができる神経を持っているのかなど）を一通り聞き終えて、子なし勢が「今後どうするのか」を話す段になった。

私が「やっぱり大変そうだし、今も普通に楽しいいし、子供はいいかな。完全に決め切ったわけじゃないけど」と言うと、彼氏と同棲中の者が冒頭の言葉を投げかけた。

彼女は将来子供が欲しいと言っているが、彼氏が結婚や子育てといった「人生の重めのタスク」に及び腰らしく、事実婚かつ子なしの人生もやむなしか……と思いはじめているらしい。

「『子供が欲しくない』って言葉にするの、怖くない？　本当に〝そっち〟に流れちゃいそうで」

言葉にしたらそっちに流される怖さか。たしかに。と思ってしばらく考えて、私は一つのことに気がついた。

「怖さもあるけど、本当は〝そっち〟に流れてしまいたくて、言ってるのかもしれない」

「子供を持たない人生を歩もうと思っている」と言葉にすることに、怖さを感じていないわけではない。

それは「周りにどう思われるだろうか」といった類《たぐい》の怖さではなく、自分の選択を口にしてしまったら「ファイナルアンサー？」を迫られてしまうのではないか、という怖さである。

本当にそれでいいの？

口に出したら本当にそうなっちゃうかもよ？

それでもいいの？

と、概念のみのもんたが鬼気迫る顔で詰め寄ってくる。

「子供は持たない、いらない」とキッパリ言い切って、自分に言い聞かせているうちに〝そっち〟に流れて、本当にそれでいいと思えるようになってしまったほうが楽なのかもしれない。

もう「子供を持ったほうがいいのかどうか」で悩まなくて済むから。

私は子供が嫌いだから子供を持ちたくないわけではない。どっちかというと、子供とかかわることを面白がれるほうだ。しかしそれは、「自分で子供を産み育てるかどうか」という問題とはあまりにかけ離れている。

「やっぱり大変そうだし、今も普通に楽しいし、いいかな」というアンサーの内訳には、子供の好き嫌いなどでは到底決めきれないほど、複雑で膨大な「産まない理由」が含まれているのだ。

だから「子供はいいの？」という問いに「いらないです。ファイナルアンサー！」とキッパリ言い切ることができず、いつも奥歯にものが挟まったような言い方になる。今のところは。たぶん。かっこかり。

ずっとミリオネアの回答者の席に座ったまま、概念みのもんたと向かい合って「ダラララララ……」という緊張感MAXのあのドラムロールを聞いているような気分だ。いったんCMを挟んでほしいが、妊娠・出産のための動物としての時間的猶予は有限である。そんなに悠長に悩んでいる余裕はない。

結婚して以降、ずっと回答者席に座らされているから、子供を産まない選択について毎日たくさん、本当にたくさん考えている。こんなに考えているのは日本で私くらいなんじゃないかと思えてしまうほど考えていて、ずっと脳が煮えそうだ。

どうして女ばかりがこんなに考えなくちゃいけないんだろうと夫を恨めしく思うこともあったが、夫は私に産むことも産まないことも強制はしていない。私がどちらかをはっきり強く望んだら、きっとそれを叶えるために一緒に頑張ってくれるだろう。

しかし私にとっては、決断を私に委《ゆだ》ねられる夫がときどき心底羨《うらや》ましかった。もし産むとなったときに体を行使しないという意味では、夫は出産の当事者ではないのだ。夫のことは愛しているけど、私も当事者じゃないほうがよかったな。ただ産む側の性に生まれてしまって、運が悪かったのだ。諦《あきら》めて「産む側の性」として、しっかり苦悩するしかないのである。

私のように子供を持つことに躊躇《ちゅうちょ》している人の話や、子供を持たないことにした夫婦の話というのは、思いのほか世の中には少ない。

子育ての悲喜こもごもを綴《つづ》ったエッセイや、父や母になることの葛藤を記した本はたくさんある。子供が欲しくて奮闘する妊活・不妊治療の手記も最近は増えてきた。

しかし、「子供がいない人生」に関して語った本は、たいてい「望んだけれど叶わなかった悲しみを受け入れる」か「独身子なしライフを謳歌する」といったもので、「最初から子供を望まずに生きている」人たちの話は本当に少ない。『ママにはならないことにしました』（晶文社）や『母親になって後悔してる』（新潮社）などの本が話題になったことで心強い気持ちにもなったけれど、いずれも著者は日本人ではない。

やはり日本には母性神話や親になることの価値を重んじる考えがまだまだ根強く、なかなか女性が「母にならない選択」について語るにはハードルが高いのだ（ちなみに、「生物学上の女性には母性本能が生まれつき備わっている」といういわゆる「母性神話」は、科学的には証明されておらず、育児場面でよく使われる脳内のネットワークは子育てにかかわることで誰もが獲得しうるものであり、そこには生物学的な男女差はないという）。

本だけではなく、ドラマやアニメなどのフィクションも「親子の愛」や「子育てで得られる人間的成長」に帰結する物語は数えきれないほどあるのに、夫婦二人で生きている人や子供を望まない人の物語はパッと思いつかない。

住宅や車といった商品や、地域で催されるイベントなどもほとんどが「子供がいる家族」向けに設計されていて、子なしの夫婦はことあるごとに「お前らは社会の例外」という空気を感じる。なんなら、近年は「おひとり様」のほうが市民権を得ているのではないかとさえ思う。既婚子ありの世界にも、おひとり様の世界にも、既婚子なしは微妙に馴染《なじ》めず所在がない。

それくらい、「結婚しているのに子供はいない」という人たちは社会の中でほとんどいないことになっているのだ。日本にも既婚子なしは12%ほどいるらしいのに、みんなどこにいるのだろう。

これだけ「子供を持たない選択」について日夜考えているのに、先達の話が少ないというのはとても心許ない。

きっと子供が欲しくない人は昔から一定数いたのだろうけど、「子供を持ってこそ一人前」「母親になることで女としての本当の幸せが分かる」的な空気の中ではあまり大っぴらに声を上げることはできなかったのではないか。特に女は。

少子化問題が日本の超重要課題になって久しく、一方で「子供を持ちたいとは思わない」と考える若者も増えてきた。２０２３年に行われた民間の調査によると、18〜25歳の約5割が子供を欲しいと思っていないという結果が出ている。

こういったトピックスには「日本はお先真っ暗だな」と思わされる一方で、「子供を持たない」という選択をする人が増えてきたことで、救われている人もたくさんいるのだろうとも思う。

「女は産む機械」という言葉が炎上すらしなかったであろう時代には、女は結婚して子供を産み育てる以外に生きる道が許されていなかった。それに比べたら、女が生きる環境は今のほうがずいぶんマシだ。

「お前らのような身勝手な女が増えたから少子化が進むんだ」という馬鹿げたヤジはいまだに飛んでくるが……。

私は既婚・子育て中の同僚と『となりの芝生はソーブルー』というポッドキャスト番組をやっている。2023年の8月から配信をはじめた。結婚や出産、仕事や人間関係などの、いわゆるアラサー世代向けのトピックについて話す番組である。

番組では「子供を持たない選択」についてもよく話していて、同じような考え方の女性からメッセージをもらうようになった。「子供を持ちたいとは思えないけれど、そんなことは周りに言いにくい」「子供を持つことにさまざまな不安があって、ずっと悩んでいる」そんな感想は決まって匿名もしくはDMだ。公開SNSに書けないところで、一人で悩んでいるのは私だけじゃない。

「結婚しても子供を持たない選択について、語る人が少ないなら自分で書くしかない」と思い、気持ちの整理も兼ねてネットで書いたり、ポッドキャストで話したりしていたら、「そのテーマで本を書きませんか」というお誘いが来た。

ネットの片隅で細々と文章を書いてきた私にとって、出版の話は願ってもないことだ。ずっと「いつか自分の本が出せたら」と思い続けてきた。

しかし、もし万が一、この先に何か価値観が180度変わるような出来事があって、子供を持つ選択をするに至ったとしたら。この本を出したことを後悔するのではないか？

「あの人、あんなに『子供を持たない選択』とか言ってたのに、結局産んだんじゃん」と陰で言われて、「どんなに子供はいらないと言っていた人でも、やっぱり子供が欲しくなるもんだ」という言説をむしろ補強することになるんじゃないか？

そんな考えがよぎった。

また一方で、冒頭の女友達の言葉のように、『『子供を持たない選択』について本を出してしまったら、本当に〝そっち〟に舵《かじ》を切ることになって、もう戻れないかもしれない」という怖さもあった。

子供を〝持つ選択〟と〝持たない選択〟、最終的にどっちに転ぶとしても、今のところファイナルアンサーが出せない私にとっては、この話題で本を出すことが「何か」を決定づけてしまうような気がして怖かった。

しかし、「最終的にどんな人生を歩んだとしても、この迷いの記録を残しておきたい」という気持ちが勝り、今この文章を書いている。

私が「子供を持たない選択」についてどれくらい、どのように悩んでいるのかを、他ならぬ私自身が知りたいし、私と似たようなことで悩んでいる人に有益かは分からないが、少なくとも「似たような人もここにいますよ」と言いたい。

そして、「女は子育てに喜びを見出すもの」「子供を産んではじめて本当の幸せを知るもの」という社会通念は、必ずしもすべての女に当てはまるわけではなくて、「子供を産み育てる」ということに躊躇してしまう人間も少なからずいるということを、世の中の人に分かってほしい。

「子供を持たない選択」をする人を増やしたいと思っているわけではないし、子供を産み育てている人を否定したいわけでもない。

また、私のような人が少子化を加速させているとも思わない。私の選択は私の選択であり、少子化問題とはまた別の場所にある。

このままいけば、私の選択が日本の出生率の数字を向上させることはできないのだが、それでも「いろんな選択をしている人がいて、子供を持たない人生になってもなんだかんだ楽しくやってる人もいるよ」と言える社会のほうが、未来を生きる子供たちにとってもいいのではないかと思うのだ。

もし万が一（現在のところは百万が一くらいの感覚でいるが）、何かのきっかけで私が子供を持つことになったとしたら、私の子は自分の母親がかつてこの本を書いたということに何を感じるだろうか。己の出生を否定されたような気分になるのだろうか。

百万が一そうなったとして、それでも私は「自分の母親がなんの迷いもなしに妊娠・出産に踏み切った」と信じて疑わずに大人になるよりもずっといいのではないかと思っている。現に、脳が煮えそうなくらい悩んでいるから。

まあ、「私の子」と文字にしてみた時点でかなり突拍子もない響きに感じるので、そんな未来は来ない説が濃厚ではあるのだが——。

しかし、ここは誰しも女から生まれ、女を避けて生きることは不可能な世界である。「女というのはみんな、なんの迷いもなしに妊娠・出産に踏み切れるもの」と信じて疑わないでいられる人ばかりだと困る。なぜなら、本当は全然そうじゃないから。

意外なことに、「子供を持たない選択」やそれに伴う悩みについて書いたり話したりしていると、子供を持つ女性からも好意的な感想をもらうことが多い。はたから見て「なんの迷いもなしに妊娠・出産に踏み切り、子育てをしている」ように見える女性だって、少し前は「子なし女性」だったのだ。

子供を持つ選択について他人に言えない葛藤があったり、悩んだりしたこともあっただろう。そんな彼女たちと私のあいだにある境界は、実はものすごく薄い紙一枚なのかもしれない。

そんな意味で、この本は「子供を持たない選択」をしようとしている人だけに向けたものではない。かつて「子なし」だった子持ちの女性やその配偶者、「子供を持ちたい」と考えている産まない側の人にも手に取っていただけたら、これ以上嬉しいことはない。

4章 子育てをするうえでの社会への不安

5章 それでも消えない「子供を産まない選択」への不安・ゆらぎ・憤り

6章 子供を産まない生き方の展望

イラスト　WAKICO
装　丁　佐藤亜沙美

1章

出産そのものに対する疑問・不安

母への果たし状、ときどき詫び状

「お子さんがいないうちに好きなことやっておかなくちゃね。生まれたら忙しくなるし、今だけよ〜」

と、ご近所の60代のマダムに言われた。習い事の教室へ行く道すがら声をかけられて、ちょっとした世間話をしているときだった。

私は妊娠中ではないし、妊活中でもない。子供が生まれる予定は今のところない。たぶんこの先も、〝ないであろう〟方向で結婚生活を楽しんでいる。

すれ違えば挨拶《あいさつ》して一言二言交わす程度のマダムが私について知っているのは、私が結婚してこの地に引っ越してきたので夫と暮らしているということと、けっこうな頻度で習い事をしていることと、だいたいの年齢（生物学的に言えば出産適齢期であること）くらいだ。「もうすぐ子供が生まれる」とも「いつか子供が欲しいと思ってる」

とも話した覚えはない。

私は愛想笑いで「あはは、ですね～」と煙《けむ》に巻きつつ、「では、急ぎますので」という意味の会釈《えしゃく》をしてその場をやり過ごした。

私はこんなことでは別に傷ついたりイラついたりしないが、投げかけられた言葉への反論は口から発されることなく腹の底に溜《た》まっていく。私の何を知っていて、何の権利で踏み込んでくるのか――。

知人の夫婦（子なし希望）も、引っ越したマンションの隣の部屋に挨拶に行ったら、ちょうど親世代くらいの年配の女性住民から「子供は？　まだなの？」と聞かれたらしい。初対面にもかかわらず、である。

「やっぱあの世代のおばさんはめんどくせえな」と雑な世代論で括《くく》りたくもなる。

もし私が不妊治療中でどうしても授かれなくて、なんとか気を紛らわすために習い事に向かう最中だったとしたら、一体どうしてくれるのだろう。実際はそうじゃないからよかった（別によくはない）のだが、あの調子なら誰彼構わず出産適齢期の女に似たような言葉を投げかけているに違いない。

「私はそんなこと言わないわよ！」というマダムと同世代の女性がいらっしゃったら申し訳ない。一緒くたにしてごめんなさい。

でも、似たような言葉を年長者から投げかけられたことがある人は少なくないだろうし、私がこういうことを言われたのは何もあのマダムからだけではない。

同世代と話している分には、こういった発言に面食らうことはほとんどない。気心《ぎごころ》の知れた仲なら、「産むか・産まないか」について率直な気持ちをああだこうだ言い合うことができるし、大して相手を知らない場合は「お子さんは？」なんてそもそも聞かない。「聞けない」のほうが正しい。

持ちたいと思っているか、望んでいるがなかなか授かれないか、人に言っていないだけで流産や死産や中絶の経験があるか、配偶者と性交渉がなく悩んでいるのか、相手や自分に連れ子がいるのか、などなど。

未婚率も離婚率も増え、出産年齢も上がって、不妊治療をする人も増えている私たちの世代は、「相手にあるかもしれないさまざまな事情」を踏まえると、子供を持つこと・持たないことについて、おいそれと聞くことができないのである。

それに対して、結婚して子を産み育てることが最重要課題であり、当たり前であり、その人生を歩んできたことに少なからぬ矜持《きょうじ》を持っていて、若い世代もそうするべきだと考える世代もいる。たとえば私の母とか。そういえば、あのマダムはちょうど私の母と同じくらいの歳だ。

今の60代半ばから上、母やマダムの世代は「結婚したら子供を持つことが当たり前」という意識がいまだ根強い気がする。その少し下、いわゆる「均等法世代」以降になると少し雰囲気が変わってくるだろうか。女の人生すごろくに「仕事」というコマが用意されはじめた世代だと、また見える景色も苦しみも違ったのだろう。そもそも、女は家で家事と子育てを担うもの、という「良妻賢母」教育がはじまったのは明治30年代からで、全然歴史でも伝統でもなんでもないのだけれど。

私の母の世代は「良妻賢母」が良しとされ、良き専業主婦となることが女の人生の唯一の理想であると、まっすぐ信じられた最後の世代なのかもしれない。それが良かったとも悪かったとも私は言えない。現にその良妻賢母に育てられて今の私がいるのだし――。

そんな世代の母と、私のような「令和出産適齢期世代」は口を開けば喧嘩《けんか》になる。

母は「本家」に嫁《とつ》いで四人の子供を産み育てた、いわば良妻賢母界の女傑《じょけつ》である。信じてきたものが違うのだ。諍《いさか》いはほとんど避けられないと言っていい。近所のマダムは適当にあしらっておけばいいとして、身内は会釈でやり過ごすには近すぎて、嫌いになるには相手を知りすぎている。

私はこのような文章を書いていることから分かる通り、良妻賢母世代の母と思想の面で長く相容れないでいる。「勉強ができるよりも愛想よく挨拶ができる子がいい。女は愛嬌《あいきょう》」と教える母に反発して、ますますしかめ面になるような子供だったので、この仕上がりは必然である。

母が私を手放しに褒《ほ》めるのは、「夫に料理を作った」と言ったときや「義母に母の日のプレゼントを贈った」と報告したときだ。仕事でできたことなどを話しても、すごいのねえとは言ってくれるものの、基本的には「お母さんにはよく分からない」というふうでいる。「そんなに働いて旦那さんのご飯はちゃんと作ってるの？」という下の句つきだ。

母にとっての私は「妻としての役割を果たし切れていないのに、夫が寛大だから好きにやらせてもらえている娘」という評価になるし、そのうえ子供を産まないとなると「もはやよく分からない存在」に見えるのかもしれない。自分が「これが女の幸せだ」と信じて当たり前にやってきたことを全然やらないのに、なんだか楽しそうにしているのだから。

長らく、帰省のたびに私が子供を産む・産まないの話で母と喧嘩になっていた。

ふとした会話の折に「一人くらい産んでおけばいいのに」と言われ、「〝くらい〟って何？　そう簡単に言わないでよ」と私が怒る。

小さな甥《おい》や姪《めい》と遊んでいると「あなたも自分が産んだときの練習になっていいね」と言われ「そんな〝とき〟は来ない。これは子育ての練習じゃない」と私が怒る。

「近くに住んだら孫の面倒を見てあげるのに」と言われ、「あなたに孫を見せるために私が子育てに苦労するんですか？」とまた怒る。

私が怒るたびに、母は「あ〜ハイハイまた怒らせちゃったわね、すぐ怒るんだからまったく」という調子。あくまで私がすぐキレる面倒な娘で、自分はなんら間違ったことを言っていないと思っている。

そんなに喧嘩するなら帰らなきゃいいだろとも思うが、そう単純に行かないのが家族であり、母と娘だ。こんなに母にキレている私ですら母に会いたいときもあるし、母にいろんなことを話したいし、母にもっと幸せになってほしいと思っているのも事実なのだ。

大事に思っているのにどうして相容れないのだろう……。

私が自分の思うように生きている以上、母の望む娘の姿にはなれないのだ。実家から帰る電車で泣いたこともあった。これを書きながら今も少し泣いている。

母の「当たり前」は結婚して子供を何人か産んで、仕事はそこそこにやるか辞めるかして子育てに専念することだ。それは長らく社会の「当たり前」でもあった。

そんな母が育ててくれたから、学校から帰れば母がいたし、手作りの品数が多いご飯を毎日食べられたし、部活の送迎もいつもしてもらって、それを当たり前のこととして子供時代を過ごした。

けれど同時に、それらのタスクをこなすことに疲れ果て、他に逃げられる自分の居場所もなく、いつも擦《す》り切れそうな母を見てつらかったのも私の子供時代だった。

家と夫と子供にすべてを捧げて、この人は本当に幸せなんだろうか？

私たちがいるからこんなに大変なんじゃないか？

私も将来、同じことをやらなきゃいけないのか？

どうして女ばっかりこうなるんだろう？

母に育てられた私は、母に育てられた結果として、母とは違う道を歩もうとしている。私の生き方は、母にとっては自分の生き方の否定のように映るのかもしれない。

だけど、私は本当は今でも母に、家や夫や子供から解放されてほしいと思っている。自分だけ自由になってごめんなさいという罪悪感だってある。それでも、母にとっての「当たり前」を生きるのは、生まれ変わってもたぶん、私には無理なのだ。

幾度《いくど》も私が子供を産む・産まないの話で喧嘩をして、最近はようやく母も態度が軟化したように見える。内心は今でも「娘に子供を産んでほしい」と思っているだろうけど、形だけでも「あなたが幸せならそれもいいんじゃない」という言葉が出るようになった。

私が母と同じ「当たり前」を歩まなくても、めちゃくちゃ幸せに生きている姿を見せることが、私の母への果たし状であり詫《わ》び状なのかもしれない。

子供を持ちたいという親のエゴ、子供を持たない私の〝継承〟

映画やドラマを見ていて、感情移入したキャラクターに子供がいる。もしくはこれから子供を持つことになると分かると、自分とそのキャラクターのあいだに一枚薄いカーテンがかかるような気がする。（あ、そっちなのね）と心が半歩下がる。

子供を持つ人は、私が一生経験しないさまざまな経験をし、その過程で私が知らないさまざまな感情を知るのだろう。それは私がお金で買ったり、ユーキャンの通信講座に申し込んだりして得られるものでは到底ない。

ストーリーの重要なテーマが親子愛であったり、子供を育てることで得られる人間的成長であったり、はたまた親から子へ受け継がれる力や因縁だったりするパターンはとても多い。「ある日突然能力に目覚めた主人公。実は親から受け継いだ特別な力が自分にも眠っていたのだ」的なアレである。

私が好きなアニメや漫画の作品、たとえば『美少女戦士セーラームーン』も『ジョジョの奇妙な冒険』も『進撃の巨人』も「親子の継承の物語」という側面を持っている。

そういった物語に感動するたび、子孫を残さず特に何も次世代へ継承しないで終わるであろう私の人生は、この素晴らしい物語が教えてくれたことを否定するものなのかもなあと思えて、少し寂しい。いや、けっこう寂しい。

物語を発展させるためには、キャラクターの親や子との関係を描くのが手っ取り早いし、誰しも人の子なので広く共感が得やすいのだろう。親や子供を描くことでより主人公を取り巻く世界が広がっていくし、主人公の子供が次の主人公となってシリーズが続くパターンもある。それを見て、人は「続いていく人間の営み」とその素晴らしさを感じるのだ。実際の人生と同じように。

しかし、私のような子供を持つ気がない人間は、そういう物語に触れて感動はするものの、ちょっと所在ないような気持ちになったりもする。

漫画連載中から大好きな『進撃の巨人』のアニメの最終回を見て、数週間のあいだ余韻に浸っているとき、「私も子孫を残したほうがいいんじゃないか」という考えが頭をよぎったことがあった。

『進撃の巨人』のストーリーやその素晴らしさについて説明するとそれだけで本が一冊できてしまうので割愛するが、要は「人間は争い、過ちを繰り返すが、それでも人生にはかけがえのない素晴らしい瞬間がたしかにあり、地獄のような世界に生まれたとしても、人生は決して無意味ではない。人間は生まれてくるに値する存在である」ということを教えてくれる大傑作である（「巨人と戦う話でしょ」くらいの認識の方にもぜひ読んでいただきたい）。

ネタバレになるので未読の方にはここから注意して読んでほしいのだが、物語の後半には、「反出生主義」（「人間はこの世に生まれないほうがいい」という考えと、「人間は子供を産まないほうがいい」という考えからなる主義）的な思想が登場し、大勢がそちらに傾くかと思われるのだが、それを明確に否定するメッセージが打ち出されて、とても心打たれるクライマックスへと物語が展開していく。

私はそれを大泣きしながら見て、同時に「私の人生は……この人たち（作中のキャラクターたち）が命を賭《と》して出した答えを否定しているのかもな……」とも思うのだった。

作中には、主人公が無理やり子孫を産まされそうになる女性を守ろうとするという描写もあるほか、女性キャラクターの描き方がステレオタイプ的ではなかったり、そもそも性別を明確にしないキャラクターがいたり、家父長制的なシステムを否定する部分があったりと、かなりフェミニズム的要素がある作品である。

なので「産めよ増やせよ」的な思想とは相反する作品ではあるのだが、「生まれてくることの価値」や「次の世代への継承」というメッセージの面から、私のような「子供を持たない選択」をしている人間は本当に間違っていないのだろうか……何か大事なものを見失っているのでは……という気持ちにもなるのだ。

そういう気持ちになるのは、そもそも自分の中に「子供を持たない自分の人生には何かが欠落しているのではないか」「子供を持ち、次の世代にバトンをつなぐという〝素晴らしい〟ことをやらない私は、〝素晴らしくない〟存在なのでは」という考えがあるからである。

自分が否定しているはずの考えが本当は自分の心の中にあり、それがフィクションに触れたときに「あぶり出し」の文字のように浮かび上がってくる。

そして焦って「やっぱり子供を持ったほうがいいのかも……」と思ってはみるもの

の、「自分の人生を素晴らしいものにするために、『子供』という他人を生み出すのか？それってめちゃくちゃエゴじゃない？」という考えが浮かび、いつも頭にある「産まない理由」たちが次々と顔を出してきて、しばらくするとさっき浮かび上がってきた「子供を持ったほうがいいかも」という気持ちは鳴りを潜める。そんなことをずっと繰り返している。

私の子供は、私の物語を盛り上げるために存在するピースではない。

そんなことは当たり前のはずなのに、「子供を持ったほうがいいのではないか」と思わされるときは、いつも自分に何らかの欠陥を見つけて、それを埋めたいと思ったときなのである。

子供を持ったら、自分の人生がもっと満たされて、もっと意味のあるものになるのではないか？　と。

しかし、「子供を持ちたい理由」にエゴイスティックな理由以外のものなんて本当にあるのだろうか？

「夫と自分の遺伝子を持った子供が欲しい」「自分の子供に会ってみたい」「母親にな

りたい」「父親になりたい」「親に孫を見せたい」「弟か妹をつくってあげたい」「女の子が欲しい」「男の子が欲しい」……。

どうしたって、まだ存在していない人間の意思は聞けないし尊重できないわけで、そうなると新たな人間を意図してこの世に産み出すという行為はすべて「すでに存在している人間（親）が何らかの希望を満たすために行うもの」ということになる。

「生まれてくる子供の意思を尊重して、彼らが『生まれてきたい』と強く希望したので、子供をつくることにしました」というのは、どだい不可能なわけだ。

「子供を持つ・持たない問題」において、私はここで早々に引っかかってしまうので、「子供が欲しい」「子供を産みたい」とは簡単には思えない。自分のエゴを動機にして、自分が「子育てしたら分かる何か」を得るために、子供という他者の人生を利用するのか？　果たしてそれは許されるのか？　と思うと、そこからつまずいて前に進めないのである。

しかし、子育てしている女友達を見て「ああ、自分の人生のために子供の存在を利用しているな、エゴイスティックだなあ」とは全く思わないのが不思議である。

たぶんこの、「子供を持つ・持たない問題集」の第一問である「子供を持ちたいという親のエゴ問題」においては、そもそも問題が存在していることにも気づかずに通過できる人間と、私のように第一問が消化できずにずっと考え込んでしまう人間の二種類がいるのである。

前者はそもそも「親になる」ことや「子供を持つ」こと自体に疑問を持ったりはせず、条件が整えばスッと親になっていくのだ。

その身軽さ（実際、親になることは全く身軽じゃないとは思うが、〝第一問〟を通過できる身軽さという意味で）を見ると少し羨ましい気にもなるが、私は生来いろんなことをグルグル考える人間なので仕方がない。

二人目を妊娠中の幼馴染《おさななじみ》は、こんな私を見て「いろいろ難しく考えすぎなんだよ」と笑った。「だよね。私もそう思う」と返す。

幼馴染の子供と遊べるような同世代の子供をこの世に生み出すことはできなさそうだが、彼女の子供が生まれてきたときに「こういう人生の物語もまあまあ楽しそうだな」と思ってもらえるように、〝なんか愉快なおばさん〟でいることが、私なりの〝次世代への継承〟だと思うようにしている。

「この世は生きるに値する」のか？

前項で、「まだ存在していない人間の意思は聞けないし尊重できないわけで、そうなると新たな人間を意図してこの世に産み出すという行為はすべて『すでに存在している人間（親）が何らかの希望を満たすために行うもの』ということになる。『生まれてくる子供の意思を尊重して、彼らが『生まれてきたい』と強く希望したので、子供をつくることにしました』というのは、どだい不可能なわけだ」と書いた。

世の中には「そんなこと考えたこともなかった」という人も少なからずいると思うのだが、私は「そんなこと」ばかり考えてしまう人間である。「子供という他人の人生を、私が勝手にはじめていいのか？」と思ってしまうのだ。だから、おいそれと親になれないでいる。

親になる、ということは、「自分のところに生まれてきたら、その子供はまあまあ幸せになれるだろう」という確信と、「自分は親になったらそこそこ子供を幸せにしてやれるだろう」という自信がないとできない行為ではないか。

実際に親をやっている人は、「いやいや、そんな確信も自信もないですよ」と言うかもしれないが、「子供を幸せにできないだろうなあ」と思いながら意図して子供を持とうとする人は、あまりいないように思う。みんな少なからず、「自分は生まれてくる子供を幸せにできる」と信じて親になっている。

その確信や自信が失われないように頑張ろう、と思うのが「親になる決意」ってやつなのだろう。

私はその点で、確信や自信が全くない。よって決意ができない。生まれてきた子供が幸せになれるかどうかには不確定要素が多すぎて、何ら保証できることがないからだ。

勉強が苦手だったら？

いじめられてしまったら？

人とかかわるのが苦手だったら？

誰かの助けが必要な病気や障がいを持って生まれてきたら？

そういった、子供自身がコントロールしきれない要素を乗り越えてなお、幸せに生きていけるのだろうか？　と思うと、簡単には「大丈夫」とも「私が幸せにしてみせる」とも言えないのだった。


子供自身だけでなく、社会の環境も不確定要素ばかりだ。

戦争に環境問題に自然災害に、私たちすでに生きている人間ですら10年後に無事に生きているのか不安になるような世界である。生まれてくる子供に保証できるものなんて何もないと感じる。ちょっと深刻に考えすぎ？　いやいや、そうとも言えないような出来事ばかり起こっているじゃないか。

こんなに不確定要素だらけなのに子供を産み育てている人を見ると、正直なところ「よくやるな」と思ってしまうのも事実だ。「どうしてそんなに自分も世界も信じられるの？」と。

私と同い年で母親になっている女友達は、学生時代から子供を産むまでのあいだに「子供が欲しい」という感情に迷いが生じたことは一度もなかったという。無事に授かれるかどうかが不安だったことはあるし、親になってからも子育ての方法で悩むことはあるが、そもそも親になるかならないか、で悩んだことはなかったらしい。

いろいろな不安要素を「えいっ」と飛び越えて「きっとなんとかなる」のほうに賭《か》け、「だって欲しいんだもん」とエゴだのなんだのをまっすぐに無視できる姿が、私には素直に輝いて見える。ラピュタが見たかったから危険を冒して旅立った『天空の城ラピュタ』のパズー、海の見える街で働くことに憧れて、無謀でも実際やってみた『魔女の宅急便』のキキ。宮崎駿作品をビデオテープが擦り切れるまで見て育ったはずなのに、全然そんなふうに生きられない大人になってしまった。そうなれないからこそ何度も見てしまうのかもしれないが。

宮崎駿は２０１３年の引退（その後、撤回した）会見で「この世は生きるに値する、ということを子供たちに伝えたくて映画を作っている」というふうに言っていた。この会見のとき私は20歳かそこらで、当時は引退の事実にだけショックを受けていたが、30歳を超えた今となってはあの引退会見のときの言葉がボディブローのように効いてきている。

「この世は生きるに値する」

この言葉は今現在この世を生きている私を勇気づける一方で、同時に後ろめたい気持ちにもさせる。

彼の作品を何度も何度も見て育ってきた私は、「この世は生きるに値する」と心から思えているのだろうか？　それを次の世代の子供にも胸を張って言えるのだろうか？

子供という他人の人生を勝手にはじめられる人は、少なからず「この世は生きるに値する」と思っているのだ。この世にはいろんなつらいことがあるけれど、幸せなことだって必ずあるから、この世界に出ておいでよ、と。

私自身も、これまでの人生でいろいろなままならないことやつらいことがあったけれど、なんだかんだで今は幸せに生きていると感じる。ここに何かを足したり引いたりする必要がないと思うくらい。

もちろん、もっとこうなりたいとか、もっとこんなものが欲しいとか、こうなったらいいなあという願望はあるけれど、現在地にそこそこ満足している。

しかし、それはあくまで私がいろんな面で幸運だったからだ。だいたいにおいて健康だし、めちゃくちゃ金持ちなわけではないが貧困ではないし、気の合う夫や友達もいる。

幸運だったからこのクソみたいな世界でなんとかなっているけれど、このクソみたいな世界に新メンバーを勧誘したいか？　と言ったら素直に「したい」とは言えないのだ。たぶんかなり大事な存在になるであろう自分の子供ならなおさらだ。

しかし、今よりももっと大変な時代、たとえば戦時中とか、戦後の復興期なんかはもっとクソみたいな世界だっただろうし、もっとみんな貧乏だっただろうに、今より子供は多かったのが不思議でならない。

本当にみんなその時代も「この世は生きるに値する」と思えていたのだろうか？

そこまで深く考えられないほど「結婚したら子供を持つのが当たり前」で「産めよ増やせよ」という世の中だったのだろうが、生まれてきた子供には幸せになってほしいという気持ちだってたしかにあっただろう。もしかしたら「幸せ」のハードル設定や定義が違ったのかもしれない。

今の一般的な「幸せ」はというと、健康に生まれ育ち、そこそこに勉学に励み、それなりの大学を出て、適齢期で結婚・出産して夫婦と子供一〜二人が食べていけるだけの収入を得て、病気にならず介護も必要とせずに年老いて死ぬ、というルートが思い浮かぶが、このルートに完璧に乗れている人なんて本当にいるのか？　と思うくらい、「幸せ」になるのが難しくなった。「普通に幸せに」生きる難易度が高すぎるのだ。

こういうことを言うと、「幸せなんてものはそんな大それたものではなくて、お花が綺麗だなとか、空が青いなとか、家族や友達と過ごす喜びとか、そういうことを感じられるのが幸せなんだよ」という人もいると思う。

しかし実際のところ、食うに困るのでは花を見たり、空を見たり、人とかかわったりする余力も湧いてこないのだ。税金が上がって給料は増えないのに、今の日本社会は自分で稼いで食べていけない人への風当たりは強い。病気や障がいを持っている人やマイノリティへの風当たりはさらに強い。

「普通」のブロックだけを踏んで歩いていける人がほとんどいないのに、そこから外れたらなかなか引き上げてもらえないのだ。

花の美しさや空の青さや人とのかかわりは心を打つし、そういったものに触れるとき、たしかに「この世は生きるに値する」と思える瞬間はある。

しかし、人間が作った社会の仕組みがそういう小さな幸せを台無しにしていると思えてならない。だから私はどうしても、この世界を信じ切ることができない。

私はもう宮崎駿が映画を作る理由だった「子供」ではなく、「生きるに値する世界」を作る側の「大人」になってしまった。私が子供を世に生み出すことはないかもしれないが、これからの子供たちが大人になったとき、「この世は本当に生きるに値するのか？」なんて思わなくていい世界を作っていく側なのだ。正直、全然明るい気持ちになれない。

それでも、この世を構成している一人の大人なりに、少しはマシな世の中になるように、小さなできることをやっていくしかない。

子供が嫌いだから子供を産まないわけじゃない

「子供が好き」という言葉がある。

「子供が好きだから保育士になりたい」とか「あの人は子供が好きだからいい父親になりそう」とか。

「子供が好き」という言葉には、「優しい」「面倒見がいい」といった好意的なイメージがついてくるし、たとえば強面のおじさんが電車内の子供に微笑《ほほえ》みかけていたりすると「子供が好きならまあ、悪い人じゃないんだろうな」と他人に思わせる効力がある。

結婚相手を選ぶにあたっても、「子供が好きかどうか」の観点で見ている人は少なからずいる。将来子供を育てたいから、子供好きな人を伴侶に選びたいというやつ。

子供が好きな人は、なんとなく大人にも優しいんじゃないか、自分にも優しく接してくれるんじゃないかという期待も本当はあるのだと思う。

しかし、私は最近この「子供が好き」という言葉をちょっと疑っている。学生時代、異性にモテたくてしきりに子供好きアピールする女子を見ていて「けっ。言ってらあ」と思ったりしたこともあったが、そういう種類の疑いではない。

「大人が好き」とは言わないのに、なぜ「子供が好き」とは言うのか？　という点に違和感を持っているのだ。

私にはまだ幼い甥と姪が四人いて、彼らとしばしば遊んでいる。子供たちを見ていて思うのが、「血縁がある子供同士であっても、驚くほど一人ひとりの個性が異なる」ということだ。

おもちゃを他の子に譲《ゆず》る者、絶対に譲らない者、そもそもあまり輪に交わらずに一人で遊ぶのが好きな者、大人と遊ぶのが好きな者、大人の前ではめっきり話さなくなる者――。

まだ保育園や幼稚園に入る前の年齢であっても、はっきりとその子の「個性」のようなものが現れているのを見て、「子供と一口に言っても、本当にいろんなタイプがいるのだなあ」と気づかされた。

そして「こんなにいろんなタイプがいるなら、一概に『子供が好き』って言うのってなんか変だよな」とも。

かなり当たり前のことだが、子供だって人間であり、大人との相性や互いの好き嫌いというものがある。「大人が好き」とは言わないのは、「かかわるうえで合う大人と合わない大人がいる」からだが、子供とかかわるときだって「合う子供と合わない子供がいる」のが本当だろう。子供のほうだって大人とかかわるときに「この人合わないな」と思うことはあると思う。

私は甥や姪と遊ぶのは好きだが、乱暴だったり言葉遣《づか》いが荒かったりする子供は正直苦手だ。怖いと思うし、一緒に何かを楽しめるイメージがない。別の人から見たら「元気でいい」という評価になり、よし相撲でも取るか！　なんて楽しくやれるのかもしれないが……。

他にも、知人の子供とかかわったりするときに、何があるというわけではないがなんとなく合わないな、という子供がいたりもする（単に慣れていないというわけではなく、他の初対面の大人とは仲良くやっていることもある）。

おしなべて、自分が子供の頃に仲良くしていたような子供とは合うし、子供の頃に苦手だったような子供は大人になっても苦手なのだと思う。

「そうはいっても、やっぱり子供はみんな素直で純粋でかわいいよ」と言う人もいるが、これも私は疑ってしまう。みんな素直で純粋？　本当だろうか。

たとえば私が子供の頃は、たぶんお世辞にも素直とは言えない性格をしていたと思う。

母の「女は愛嬌」との教えに反発してますますむくれていたし、写真を撮るときに「笑って」と言われても、「面白くもないのに笑えるかよ」と思っていた。だから私の幼少期の写真はほとんど笑っていない。

初めて幼稚園に行くとき、他の子はみんな親と離れるのが嫌で泣いていたのに、私は「どうせ夕方に迎えに来るのになぜ泣くんだ、バカみたい」と思ったのをいまだに覚えている。幼稚園のお昼寝の時間も、「もう赤ちゃんじゃないのになんで昼寝なんか」と思って3年間一度も寝たことがなかった。我ながら「子供らしい」純粋さや素直さがなさすぎる。

たぶん、子供ながらに「子供らしい」純粋で素直なかわいらしさを期待されていることは分かっていて、だからこそ、その通り振る舞うのが嫌だったのだと思う。「子供はみんな素直で純粋でかわいい」というのは、「子供はそうであるべき」「そうでないと困る」と表裏一体だろう。要は、大人が御《ぎょ》し易《やす》い振る舞いをしていてほしいのである。

私はその期待に反発したかった。私の何が分かるんだといつも思っていた。そんな気持ちを今でも覚えているから、大人が雑に「子供は素直で純粋でかわいい」「子供が好き」と言ってしまうことに違和感を覚えるのだ。

そんなわけで「子供が好き」とはまっすぐ言い切れない私なのだが、甥や姪と遊ぶのはなんだか得意なようで、彼らからはありがたいことに人気がある。占い師に「魂が小学5年で止まっている」と言われたことがあるので、どちらかというと「遊んでくれる大人」ではなく「一緒に遊ぶちょっと歳上の子」くらいに思われているのかもしれないが。

甥や姪と遊ぶ私を見て、母は「そんなに子供が好きならやっぱり産めばいいのに」と言ってくる。

しかし、「子供と遊ぶのが得意である」と「子供を自分で産み育てたい」のあいだにはマリアナ海溝よりも深くて広い溝があるのだ（マリアナ海溝が実際どれくらい深いのかは実はよく知らないが）。

「子供と遊ぶのが得意」な人は少なからず童心を持っていると思う。たとえば、往年のギャグ漫画『こち亀』の主人公・両津勘吉はめちゃくちゃ子供と遊ぶのが得意かもしれないが、親になるのが向いているかというとそうは言えないだろう。自分が「子供」に近いから子供とノリが合うのであって、親になるにはしっかり「大人」をやらなければならない。

魂が小5であると言われた私も、どっちかと言ったら両津勘吉側の人間なのだろう。子供の頃の自分の感情をわりとしっかり覚えているのも、やはり「子供」に近いからなのだと思う。

ちなみに、母は子供を四人産み育てたが「正直、子供と上手に遊べない。何をしたらいいのかよく分からない。あんたのほうがずっと上手い」と言っていた。

保育士や幼稚園・小学校教諭などはまた別で、彼らは「一緒に遊ぶ」ではなく「遊ばせる」「学ばせる」のプロである。そのための知識や技能を持っているが、やはり「子供を自分で産み育てたい」かというとそれはまた全く別問題だろう。「幼稚園の先生だからいいお母さん（お父さん）になるわね」というのもかなりズレた発言だと思う。

ここまで「大人と子供にも相性があり、馬が合わない者同士もいるため、一概に『子供が好き』とは言えない」「子供は素直で純粋というのは大人の勝手な考えである」「子供とかかわることが得意でも、子供を産み育てたいかどうかは別問題」と書いてきた。

一般的に、子供を持とうとしない人に対して「子供を欲しがらないということは、子供が好きじゃないのか」「子供は素直でかわいくて、子供とかかわるのは楽しいことなのに」という説教（説得？）の仕方があるが、ここまでの内容から分かる通り、私はこの手の説教はセンテンスの端から端までかなりトンチンカンだと思っている。

「子供が嫌いだからかかわりたくない、だから産み育てたくもない」という人だって一定数いると思うが、そうじゃないけど産み育てたいと思えない人だってたくさんいるのである。

特に女は「子供を産み育てたくない」と言った途端に、「子供嫌いの冷たい女。子供という素直で純粋な存在をいいと思えない薄情者」というレッテルをうっすら貼られるのが、本当に腹立たしい。「子供は野球チームがつくれるくらい欲しいなあ」なんて言いながら、ＤＶや不倫をする薄情男だってたくさんいるのに……。
「子供を産み育てる願望」の有無だけでは人間の情の深さなど測れないということを、
私は声を大にして言っていきたい。

シュレーディンガーの母

「そんなに難しく考えないで、勢いで産んじゃえばなんとかなるのに」ということを、これまで何度か言われたことがある。

30年ほど生きてきて、どちらかと言えば思い切りがよくチャレンジングな選択をしてきたほうではあると思う。

新卒で入った会社はそれなりに名の知れた企業だったが、3年目くらいですっぱり辞めた。その後入った別の企業もそれなりの会社だったが、「もっと書きものの仕事を増やしたい」と言って、またすっぱり辞めてしまった。

会社を辞めるたびに親や周りの人には「もったいない。そのままいればいい給料がもらえるのに」「住宅ローンの与信が低くなるぞ」と言われたけれど、そんなのは知ったことではなかった。私が辞めたかったのだから仕方ない。

コロナが流行りだしてリモートワークができるようになったタイミングで、思い立って故郷の長野に移住したのも大きな決断だった。「もう東京にこだわる意味があまりない時代になるのかも。ちょっと東京にも疲れたし」という突然の思いつきだった。

パンデミックが収まったら東京に戻るつもりで、友人の家の余った部屋に家賃をいくばくか払って大きい家具を置かせてもらい、私はスーツケース一つで東京をあとにした。それからもう3年経ったが、結局長野で暮らして月に数回東京へ行く生活スタイルが定着して今に至る。

夫と出会って2ヶ月で結婚を決めたのは「思い切った決断」の最たるものだったと思う。

夫の「この世は女の人のほうが苦労する仕組みになっている。結婚するならせめて名字は自分が変える」という言葉を聞いて、私は今この人と結婚するのだと思った。その4ヶ月後には婚姻届を出したので、初対面から半年で結婚したことになる。

私はそれまで4～5年彼氏がおらず、このままずっと一人で生きていくかもと周囲に言っていたので、いきなりスピード結婚した私を見た女友達は「あんた一体何が起こったの」と驚いていた。

他にも、「休みの日に何をして過ごすか」といった日常の小さなことから、人生の大きめの決断まで、「なんとなくこっちを選んだほうがいいんじゃないか」とか「今はこれをやるべきだ」といった直感と勢いで決めることが多い。そして、その直感と勢いはだいたい当たるのだ。

正確には、自分で決めてやったことについて、それがどのような結果であっても「結局これでよかったっぽい」と思う力が強い、ということなのだが、それも含めて自分の「直感」と「勢い」をかなり信頼しているところがある。

そんな私が唯一、直感と勢いまかせでできないのが「出産」である。

これまでの人生における決断などは、だいたいがやり直せる類のものだった。会社はまた転職すればいいし、住む場所もまた引っ越せばよい。結婚は相手と合わなければ別れられる。

しかし「出産」は当たり前だが不可逆だ。

どんなに親を上手くやれなかったとしても、生まれた子供に細胞に戻ってもらうことはできないし、なかったことにももちろんできない。

子供という「他人」の人生にかかわってくるので、自分がリスクを背負うだけで済む他の決断とは毛色が違うのである。

「一度〝母〟になったら降りられない」という、本当に当たり前のことが怖くて仕方がない。

他の人は本当に怖くないのだろうか？　こんなことで悩んでいるのはもしかして私だけなのでは？　と思うときもある。

私が悶々《もんもん》と悩んでいる一方で、「一度〝母〟になったら降りられない」ということがむしろ救いになっている場合もあるように思う。子供を産んで楽しそうに子育てをしている知人が、インスタで子供の誕生日ケーキの写真と一緒に「私を母にしてくれてありがとう」と綴っていた。

私が怖がっている「一度座ったら席を立てない椅子」について、「座らせてくれてありがとう」と心から思っている人もいるということに静かに驚き、「いいね」を押した。

また別の知人は、「仕事や自分の才能で自己実現をしなきゃいけないというプレッシャーが、子供を産んで母親になったことで軽くなった。母になって救われた」とも言っていた。なるほど。「一度座ったら席を立てない椅子」は、別の見方をすれば「一生座っていられる椅子」でもあると言える。

しかし、一生座っていてつらくない椅子なのかどうかを確かめてから座る、ということは許されていないのだよな、とも思った。そして座り心地がいいかどうかは人によるのである。

座り心地は座ってみないと分からないのに、一度座ったら席を立てない。箱を開けるまで中にいる猫が生きているか死んでいるか分からないという「シュレーディンガーの猫」の思考実験に似ているような、ちょっと違うような。

いわば「シュレーディンガーの母」である。

なってみなければ向いているか分からないのに、なったらもうやり直せないのだ。

「そんなに難しく考えないで、勢いで産んじゃえばなんとかなるのに」と言う人はみんな、「産んじゃってみて、なんとかなった」人である。椅子に座ってみたら居心地がよかったパターンだ。

逆パターンの人の声というのはあまり表に出ない。

「産んじゃって、なんとかならなかった」人は、なんとかなっていないことを人に言えないで苦しむか、なんとかならなかったことで罪に問われたり、社会にバッシングされたりしているのではないだろうか。この社会では、勢いで産んだとしても、なんとかなるかならないかはあくまで自己責任なのである。

私に「難しく考えないで、勢いで産んじゃえ」と言える人は、いろんな運がよく「なんとかなった」結果としてそう言えるのであって、それはいわゆる「生存者バイアス」でしかない。

またこの言葉をかけてくるのが年長者の場合、実際は子育ての過程でいろいろと「なんとかならなかったこと」もあっただろうに、すっかり忘れて「なんとかなった」と思い出補正されていることも大いにあると思う。そもそも世間話のいちパートとしてなんとなく発しただけの言葉なのだから、ここまで真剣に考えなくてもいい気もするが。

しかし相手がなんとなく発した言葉でも、私はいろいろと考え込んでしまう。なにしろ「難しく考える」たちなのだから。

ニュースではたびたび「予期せず妊娠したが誰にも相談できず、公衆トイレや自宅で出産した女性が死体遺棄で逮捕」といった報道がある。どうして母親ばかりが逮捕され、父親はどこにいるのかも分からないまま許されているのかといつも腹が立つ。

そういう女性や、子育てのうちに孤独を深めて子供に手を上げてしまうような、「なんとかならなかった」女性は罪に問われ、「母親になるならもっと責任感を持て」と責められる。

しかし私のように「母親になる責任」について突き詰めて考えた結果、おいそれと親になれずにいる女性には「勢いで産んじゃえばなんとかなるのに」という無責任な声がかけられる。

こんなダブルスタンダードがあるだろうか？

一体、どうしてほしいのだろう。産んでも産まなくても責められるのは私たち女なのだ。

人類の繁殖の仕組みを考えれば、「一度〝母〟になったら降りられない」という根本的な問題をなくすことはできないだろう。

しかし、「なんとかならなかったとき」の責任が女にばかり問われるのでは、そんな恐ろしい選択は到底できない。問題は「母を降りられない」という構造よりも『降りたい』と思うほど母でいるのが難しい」と思わされてしまう社会のほうにある、と思うのだった。

2章

令和に「母」をやる難しさ

子なし夫婦はイレギュラー？

私と夫の結婚式は、古式ゆかしいカトリック教会で挙げた。私も夫もキリスト教徒ではないが、ホテルのハリボテチャペルの雇われ神父に儀式をしてもらうのはなんだかなあ、という偉そうな気持ちと、せっかくなら歴史のある、半永久的になくならなそうな場所で挙げたほうが、あとから訪れても思い出を振り返れるし、なんか本物っぽくていいじゃんという、ミーハーかつ浅い理由からだった。

そんなわけで浄土真宗の家で生まれた私と、あまり神仏を信じていない夫がカトリック式の挙式に臨むことになったのだが、なにしろちゃんとした教会なので、私たちもちゃんと「カトリックの教え」を学ぶ必要があり、事前に教会で授業を受ける決まりがあった。なんにも分かってない奴らには、神の名の下で儀式を挙げさせるわけにはいかないぞ、ちゃんと勉強してからね、ということである。

挙式の1ヶ月ほど前に二人で教会に行き、神父から「カトリックにおける結婚・夫婦・家庭とはなんぞや」という講義を受けた。

とても熱心にお話ししていただいたし、不勉強ながら感銘を受ける内容でもあって、信者ではないけどいい経験になったなあ、と思って聞いていたのだが、問題は終盤であった。

神父は、オブラートに包みながらもはっきりと、「子供というのは受精した段階で人間なのだから、授かった子供は二人で大切に育ててくださいね」というようなことを言った。それは人工妊娠中絶の明確な否定であった。そして「子供に恵まれますように」と私たちに祈ってくれた。

そうだった、キリスト教は「子供を産み育てるのは議論の余地なく是」という世界観だ。なんて初歩的なことを忘れていたんだろう。大学のとき、授業で聞いたじゃないか。

私たちはこのときすでに「子供はなしでいいかもなあ」という方針だったため、神父の話をなんとも微妙な気持ちで聞いていた。別に私たちがカトリックでないということは神父も了解しているし、きょうびカトリックでも信仰に完全に忠実な暮らしをしている人は少ないだろうし、私たちのような結婚式だけ挙げに来た非教徒が子供を望んでいようがいなかろうが、神様的にもかなりどうでもいいのではないか？　とは思う。

しかし、私たちは一生に一度の大事な儀式をする場所で、わりと重要な部分の思想が相容れない状態で「誓います」などと言っちゃって大丈夫なのだろうか？　何かの禍根《かこん》を残さないか？　そもそも信者じゃないのにカトリック式でやろうとしてるのが間違いだったのでは？　でも、あの教会気に入っちゃったんだよなあ……。

そんな複雑な思いが去来して、なんとか心に落とし所をつけられないかと、教会からもらった「カトリックの家族観」や「子供を産み育てるということ」についてのプリントを読んでみたが、やはり私には同意できかねるものだった。

そもそも多くの国で、キリスト教の避妊・人工妊娠中絶に反対する思想と、実際の女性の権利や体を守ることについては長いこと論争になっているわけで、私がちょっと考えて自分なりの落とし所を見つけられるような単純な問題ではないのである。

結局、1ヶ月後の挙式当日には慌ただしさからそんな気持ちも薄れていき、多くの日本人の得意技である「いろんな宗教のいいとこ取り」でいいだろう、ええいままよと開き直り、神様には申し訳ないが、私たちは二人で楽しくやっていきたいんです、その気持ちは嘘じゃないんです、そこんところを一つお許しください、という気持ちで式に臨んだ。

式の中でも「あなたがたは恵まれる子供を、まことの幸せに導くように育てますか？」という問いがあり、「はい、育てます」と答えるところがあったが、『恵まれたら』そうするかもしれないけど、私たちはその恵みは望みませんので、よろしくお願いします」と心の中で付け加えた。とんだ嘘つき花嫁だったかもしれないが、それが浅はかな理由で式場を選んだ私にできる最大限の誠実さだと思った。

結婚して分かったのは、式のフォーマットだけではなく、思いのほか社会の至る所が「結婚したら子供を産み育てるもの」という前提のもとに作られている、ということである。

家を探せば、新築の建売住宅にはほとんど「子供部屋」を想定しているであろう同じサイズの部屋が二つ付いているし、『お金を貯める！』的な本に載っているお金のライフプランは夫婦と子供二人の四人家族が想定されている。

国が「女性活躍推進」のために押し出すのは「結婚して子供を産み育てて仕事もする」ための制度ばかりで、子供を産まない女のことはそもそも数に入れていないというか、「推進」したい「活躍」とは早い話が「子産みと納税」でしかないのだなあと日々思わされる。

企業がマーケティング的に需要のある属性に向けた商品を売るのは当然のことだが、こんなに少子化が叫ばれているのに「夫婦二人暮らし」に向けられた商品や、子供がいない夫婦が幸せそうにしているフィクションはほとんど目にしない。出てきたとしても不妊に悩んでいる夫婦か、子供の欲しい度合いに温度差があって隙間風が吹いたり、子供がいない・性交渉がないことが不倫のきっかけになる夫婦だったりする。

「子なし夫婦も今どき当たり前ですよ、全然幸せに暮らせますよ」というふうにしてしまったら、より少子化が進むと思われているのだろうか？

私たちのような、子育てという義務を果たしていない人間は「うっすら不幸」でないとおかしいということ？

結婚しているのに子供がいない夫婦というのは、周囲から何かを勝手に「察される」ことが多い。もちろん不躾《ぶしつけ》に「子供は？」と聞かれたり急かされたりするよりは何も言われないほうがいいのだけれど、「あの人たちはなんか変わっているから」「特別な事情があるみたい」といった「別のカテゴリー」に勝手に分類される雰囲気を感じたのは、一度や二度ではない。

「仲が良くて、健康上の理由や経済的な理由があるわけではないのに、子供を持たない夫婦」は、そんなに珍しいのだろうか？

「子供を持たないのは何か特別な理由があるに違いない」と思わずにはいられないのか？

みんなそんなに「子供を産み育てるためだけに」夫婦になっているのか？

少なくとも私は、結婚すると決めたときすでに「子供はいてもいなくてもどっちでもいい」というスタンスだった。この結婚生活に子供はマストハブではない。必要なのは夫であり、この夫とずっと暮らす約束をするために夫婦という形をとるのだと。

私たちは「コンビ」で暮らすのにいい相性だけれど、そこに「長期で教育が必要な家族の新人」が入ってきたときに、私たちがいいコンビのままで、かついいマネージャーにもなれるのか？　というと、たぶん答えはNOである。コンビはコンビでいるために一緒になったのであって、新人教育をしたくて一緒になったのではない。

バンドやアイドルグループが、新メンバー加入前後でチーム内のバランスが大きく変わって苦労してしまうように、私たちは私たちのいい関係性を「子供」という新メンバー加入によって変えられたくないのだ。

「そんなのは結婚初期だけに思うことで、子は鎹《かすがい》という言葉のように、子供がいないと夫婦はつなぎ止められないものだ」と言う人がいることも分かっているけれど、私はそうは思わない。

そもそも子供が仲立ちにならなければ一緒にいられないなら、別れてしまったほうがいいと個人的には思う。

「二人で生きていくために結婚して子供は持たず、二人暮らしで普通に幸せ」という夫婦は昔から一定数いたはずなのに、この社会にはあまりいないことになっている。

その存在を肯定してしまったら「伝統的家族観」が壊れる、とかいった圧のせいであまり存在をアピールしてこなかったのか？

それとも、「子育てという義務を果たしていない」という罪悪感のようなものから鳴りを潜めていたのか？

はたまたその両方か。

２０２０年代の今も「子なし夫婦」が居心地のいい社会だとはあまり思えないけれど、こんな感じで楽しそうにやっている子なし夫婦もいるんだな、というサンプルの一つになれたらいいな、とひそかに思っている。それは社会や神様への反抗などではなく、たまたま私たちの幸せの形がそうだっただけなのだ。

母親という「家庭の総監督」

「たかみな」といえば、AKB48初代総監督の高橋みなみのことである。

総監督とは、大所帯のアイドルグループをとりまとめる存在で、メンバーたちのケアをしたり、意見を代表したりする役職のことだ。

たかみなこと高橋みなみはしっかり者で、メンタルが強くて、何事にも動じなくて、愛情と責任感がある人というイメージがある。

そんなたかみなが、昔インタビューか何かでこんなことを言っていた。

「総監督という役割をやっていると、かわいいところを見せられなくなる。しっかりしなきゃいけないから。だから私のファンにはかわいいアイドルっぽいところを見てもらえない」

一言一句合っているかどうかは忘れたけど、だいたいこんな感じの話だったように思う。

要は「かわいい」と「しっかり」は共存できないという話。

聞いたときは、「ふーん、たかみなは大変だなぁ」と他人事のように思ったにすぎなかったが、自分が結婚というものをしてみてこの言葉を思い出した。

「もし今後、子供を産んだとしたら、私は家庭で子供を監督する〝総監督の役割〟を任わなければならないのでは？　そうしたら、もう〝かわいい妻〟ではいられなくなるのでは？」

なにも自分の顔がかわいいとか、夫にとって私はアイドル的存在だとかそういう話をしているのではない。

ここでいう「かわいい」は見た目の話ではなく、少し「抜けている状態」のことで、ここでいう「しっかり」はそんな「抜けている状態」を良しとしないことだ。

夫婦二人で暮らしている現在、大人同士の一対一の関係では許容し合ってきた態度や、甘えや、なあなあにしても問題なかった事柄が、子供という「責任を持って監督せざるを得ない」存在ができた途端に、許されなくなるんじゃないか？　という不安が湧いてきたのである。

たとえば、二人とも仕事が立て込んでいて、数週間のあいだ家の掃除をしなかったとする。床に髪の毛やらなんやらが溜まっていても、夫婦二人暮らしなら「まあ、今度の週末やればいっか」で話はおしまい。お互い疲れているんだし、今日は床のゴミをどうにかするよりも早く寝ることを優先しよう、とお互いを労れる。

ところが、もし家にハイハイしている幼児がいたとしたら、誤って床の髪の毛やゴミを口に入れてしまうリスクがあるのだから、そのままにしておくわけにはいかない。

そこで、家庭の総監督こと私が、ソファで寝ている夫を叩き起こし、「ホラ！　掃除しなきゃ！」と声かけをする。疲れているのに……という顔で起きてきた夫と無言で掃除をする。

そこには「お互い疲れてるもんね、週末でいいよね」と余裕を持って優しく接する妻はいない。私はそんなに心が広い人間ではないから、夫を気にかける余裕なんてなくなるだろう。

本当になぜなのかといつも不思議に思うのだが、床のゴミに気づくのはだいたい決まって女である。女のほうが「身の周りを綺麗にしておきなさい」と言われて育ち、男のほうは「男の子なんだから多少汚していてもそれが普通」と育てられてきた結果なのだろうか。教室でよく聞いた「ちょっと男子、ちゃんと掃除して！」というセリフは結婚後の家庭でもおおむね引き継がれている。子育て世帯は特に。

家事や育児において、「タスクに先に気づく」のはたいてい女であり、すなわちそれは妻が夫に「指示して動いてもらう」という図式をつくることになる。子育てをはじめたら、妻が「家庭の総監督」になるのはほとんど避けられないことなのだ。

私が子供を産むのを躊躇しているのは、いろんな理由があるけれど、この「家庭の総監督」になりたくない気持ちも大きいのだと思う。

ただでさえ私は物言いがハッキリしているし、すぐにイライラしてしまうところがあるので、子供を世話するようになったら自分にわずかに残ったかわいげや穏やかさみたいなものが全部消し飛ぶような気がしている。私の穏やかさは、家に四六時中ケアすべき対象がいないという「時間的余裕」と「精神的余裕」によってなんとか保たれているにすぎない。

私は夫に「指示」したり、やってくれなかったことを「指摘」したり、育児のやり方を「指導」したりしたくない。好きで一緒になったのに、対等に仲良く暮らせなくなるのは嫌だ。自分が怒ったり疲れたりしている顔ばかりを夫に見せたくない。

「子育てで増える笑顔もあるよ」と言う人もいるだろうが、街中で見かける子供連れは全員笑っているだろうか？

今にも擦り切れそうに疲れていたり、険しい顔をした母親がたくさんいないだろうか？

子供の笑顔で疲れが吹き飛ぶ！　ということもあるかもしれないが、吹き飛ばない疲れだって全然あるだろう。本当に子供の笑顔で疲れが吹き飛ぶのであれば少子化にはなっていない。

もし子供ができたら、つわりやなんかからはじまって、授乳や寝かしつけ、保活に送迎、病気の対応などなどが怒濤《どとう》のように押し寄せるとして、絶対に穏やかで優しくてかわいらしい妻兼母でいられる自信はない。四六時中キレ散らかす自分が目に浮かぶ。

なんだかんだ言っても、私の夫は家事を進んでする人間だ。シンクや排水溝の掃除も、寒い早朝のゴミ捨ても、疲れた日の食卓の後片付けも、私が「やりたくない」と思う家事を自分からやってくれる。

しかしそんな夫であっても「妊娠」と「出産」は代わることができないし、体を酷《こく》使《し》して親になるのは私だけだ。どうしても先に「親」になるのは私で、先に床のゴミに気づくのも私で、先に「責任感」を持つ私が総監督になってしまう。

子供を持って先に変わった私と夫は、きっと関係性も変わってしまうだろう。変わってからも楽しくやっていけるのか、自信がない。

「恋愛と結婚は違う」とよく言うが、結婚と子育ても全く違う。結婚に最高に向いている相性でも、一緒に子供を育てる親になったら全く合わなくなった、という話は数え切れないほど聞く。

それは、子育てによって「しっかり」してしまった妻を「怖い」「変わってしまった」と夫が敬遠し、総監督になった妻が「変わらない夫」にイラつく、という図式なのだと思う。夫のことを皮肉を込めて「長男（親としての責任が芽生えておらず、子供と同等の世話が必要な存在であるという意味）」と呼ぶ妻のなんと多いことか。

どうして母だけが総監督的立場にならなければいけないのか。

現代の母親には一人で背負わされるものが多すぎる。

産むことも、育てることも、そのために稼ぐことも、すべての責任を背負い、いろんなリサーチをし、パズルのようなスケジュールの組み立てやお金の計算をし、なんとか日々を回している母親ばかりに見える。回せなかったら「親のくせに何をしているんだ」と責められる。夫婦二人で分担してもなお多すぎるタスクだと思う。

昔の人は一体どうやって今よりも多くの子供を育てていたのか不思議に思うが、おそらく家族や親族や地域のコミュニティなどのおかげでもっと子供にかかわる大人が多くて、責任も目も手も分散していたのだろう。

本来何人もの大人の手で少しずつ担われていた子育てという仕事が、両親のみ、特に母親のみに集中しているのだから、現代の母親はみんな総監督みたいにならざるを得なくて当然なのだ。

そんなわけでめちゃくちゃにハードルが上がってしまった令和の母親業は、「私には到底できない」と思われても仕方ない仕事になってしまった。元ＡＫＢメンバーが続々と母親になっていく年代になってきたが、同世代の私はいまだ家庭の総監督になる自信が持てないでいるのだった。

「母は強し」の呪い

「母は強し」という言葉は、本当は「女は弱し、されど母は強し」ということわざらしい。『レ・ミゼラブル』などの作品を書いた19世紀フランスの文豪ヴィクトル・ユゴーが残した言葉だという。これ、女が言った言葉じゃなかったのか。なんだかなあ。

そんな「母は強し」という言葉を、私の母は時折口にしていた。

それは実家の茶の間で見ていたどこかの家族のドキュメンタリーや、何かのドラマの中などで、さまざまな困難に耐えて子供を守る母が登場したときに、ある種の重みを伴って口にされる言葉だった。

「母は強し、なのよ」

母はどこか自分に言い聞かせるような口調で言った。私はその言葉をいつも複雑な気持ちで聞いていた。

私たちの存在は、そんなに強くならなきゃいけないほどの苦労をこの人にさせているのだろうか。いつか私も、子供を産んで母になったとしたら、どんな困難も「母は強し」で耐えなければいけないのだろうか。

そう考えると「母」という存在は子供ながらに底知れない、親しみよりも畏怖《いふ》に近い、よく分からないもののように思えてならなかったことを覚えている。

「母」という存在になったら、どんな困難でも耐えられる力が自然につくの？　どうして？　どこから？　どうやって？

母は、実際いろんなことに日々耐えていた。

義両親との同居や、故郷から遠く離れた土地での生活、さまざまな家のしきたりや文化の違い。仕事人間の夫がほとんど家にいない中で四人の子供を育て、毎日朝と夕方の食事とお弁当を作り、パートへ出る。書いているだけでめまいがしそうな毎日を何十年も続けていた。

田舎の古い家だから、「今日は疲れたから外食ね！」ということもできないし、ルンバも食洗機も洗濯乾燥機もまだなかった。

そういう時代だったからしょうがない、と言えばそれまでかもしれないが、どんな時代でも女は人間である。自分以外の家族の都合に合わせて自分をすり減らす生活は、子供の私から見てもつらそうだった。

「母は強し」とおまじないのように唱えて、自分がそれを乗り越えられる属性であるということにしなければ、まともに立っていられなかったのだと思う。

私は母が苦しんでいるのにどうすることもできないのが悲しかったけれど、「強い母」としてさまざまなことに耐えることは、次第に母のアイデンティティのようになっていった。「この困難な状況を変える」ということは諦め、「この困難な状況を耐え忍ぶ」ということに価値を置くことで、自分の心を守ったのだと思う。

そして大人になった娘の私に、自分と同じように「強い母」や「できる嫁」になることを望むようになった。そこに最も価値を置いてきたから、娘にもそうであることを求めたのである。

しかし、母が「母」や「嫁」であることに苦労するところを見て育った私は、大人になって「母」や「嫁」になりたいとは到底思えなかった。「将来の夢はお嫁さん」「大きくなったらお母さんになりたい」という子供も一定数いるけれど、結婚や子育てに手放しで憧れを抱くことはなく育った。

運よく気の合う夫に出会ったから「妻」にはなったけれど、夫の家の「嫁」である自認はないし、「母」にもいまだなろうと思えずにいる。

「母になったら、強くなっていろんな困難に耐えなければいけない」という刷り込みは消えず、私にとっての「母」はとてつもなくハードルの高い仕事になってしまった。

こうして、母にとってお守りのようなものだった「母は強し」という言葉は、私にとっては呪いになった。

母が今の私と同い年だった頃には、もう二人の子供を育てていた。私は一人も育てていないし、これからも育てる気はない。

夫との食事だって、朝は各自、昼は夫は職場で済ませ、私は家で適当に残り物を食べる。唯一作ることがあるのは夕食だが、それだって母が作っていた品数には到底及ばないし、片付けは夫の担当だ。週に何度かは外食で済ませる。

掃除はルンバがやり、「たぶんいける」と乾燥機にかけてはしばしば服をダメにしている。

母が見たら嘆《なげ》かわしいと言うだろうし、実際いつも帰省のたびに私の「至らない〝嫁〟度合い」を怒られているのだけれど、私はずっとこんな生活を望んでいた。私に「母」や「嫁」であることを望まないパートナーとの、何も押し付けず何も押し付けられない気ままな生活。

自分の人生に、これ以上大変なことを増やしたくなかった。自分の自由と自分の気持ちを一番に考えて生きたい。誰かのために消耗したくないし、母にも本当はこのように生きてほしかったのだ。ずっと。

私たち女の人生は、子供を産み育て、人のために食事を作り、掃除や洗濯をするため「だけ」にあるわけではないと思ったから、今私はそのように生きている。

私が自分と同じくらい大切にできるのは、夫一人が限界だ。これ以上は背負えない。そして夫もたぶん、私一人を大切にするのが限界なんだと思う。私たち夫婦に、私たち以上に大切にしなければならない存在ができたとしたら、二人とも「強く」ならなければならない。私たちは強くなることをあまり望んでいない。相手に強くあることも望まない。このままでいい。

女の私が「苦労したくないから子供はいらない」と言うと、さまざまな方向から矢が飛んでくる。薄情《はくじょう》な女だとか、子育ての苦労が人間を成長させるんだとか、本当の幸せはその苦労の先にあるんだとか、女としての役割を果たしていないとか、なんとかかんとか。

実際に口に出さなくても、心の中で想像しただけでうんざりするほどイマジナリー説教が思い浮かぶ。

けれど、そういった「苦労」に耐えたとしても、「『母は強し』だから耐えられるよね、当然だよね」と、私の苦労はほとんどなかったものにされるのだろう。

母を守っていた「母は強し」という言葉は、私を「母になったら強くなければならない」と縛《しば》る呪いになり、外野が「母なんだから強くて当然」と苦労を矮小《わいしょう》化する言葉にもなる。

「母」という存在にいろんなことを期待し、押し付け、それでいて苦労したり傷ついたりしても見なかったことにされるのであれば、私はそれになりたくない。「母」にならないことに、誰からもなんの文句も言われたくない。
「そうは言ってもやっぱり、子供の存在っていうのは何ものにも代え難いものなんだよ」と言う人もいるだろう。いろいろ頭で考えると難しいかもしれないけど、自分の子供の笑顔っていうのはすべての苦労を帳消しにするくらいの力を持っているものなんだよ、と。

それもまた真実なのかもしれないけれど、ではなぜ日本の母親たちはあんなに疲れた顔をしているのか。

街中で、電車の中で、職場で、かつての私の母のように擦り切れそうな顔をしている母親たちを何度も目にした。

私は、自分の子供という「まだ存在していない人間」のために、あんなふうに擦り切れながら、いろんな苦労を厭《いと》わずにできると誓うことは、できない。

子供がいるおかげで、忙しい毎日の中でも純粋なものの見方を思い出せる、「お花がかわいいね」「空が綺麗だね」という子供の視点にハッとさせられる、という人もいるが、そもそも子供を持つことで日々忙殺されるようになって、その癒しもまた子供が与えるというマッチポンプ的な状態ではないかと思ってしまう。

子育てに忙殺されなければ、そもそも花や空を眺める余力が失われることはないのではないか。

そしてそれは「子育てに忙殺されている人」が愚《おろ》かなのでは決してなく、子育てが「忙殺《ぼうさつ》されざるを得ない仕事」になってしまっている構造に問題がある。忙殺されるのが多くの場合母親である以上、私は母親になりたくない。今ここに存在している自分と夫がこのまま幸せなら、それでいい。

これが「身勝手だ」と糾弾《きゅうだん》されるということは、「母は強し」の呪いがこの社会ではまだ健在であるということの裏返しなのではないか。

VERYと「ゴリラ」の時間割り

「ゴリラになりたくない」

ある日、同僚が言った。

それは『もののけ姫』の終盤でタタリガミになった乙事主《おっことぬし》に取り込まれそうになったサンが「いやだ！　タタリガミなんかになりたくない！」と叫ぶシーンを彷彿《ほうふつ》とさせるような切実な響きを持っていたのだが、同僚は「もののけ姫」ではない。「ワーママ社員」である。

「子育ても仕事もおしゃれも自己研鑽《けんさん》も完璧にこなすために毎朝4時に起きてます！みたいなワーママになりたくないんだよ……てかなろうと思っても無理だよ……」

それができるワーキングマザー界の豪傑《ごうけつ》のことを彼女は「ゴリラ」と称した。メンタルもフィジカルもゴリラ並みであると。

たしかに、そんな生活は人であることを捨ててゴリラとして生きなければ到底続かないだろう（ちなみに、本来ゴリラはメンタルが弱くストレスを感じやすいらしいが、イメージトークで便宜上そう呼んだにすぎない。なおここでいうゴリラは褒め言葉である）。

私は令和のワーママ、すなわち働きながら子育てする現代の母親はみんなゴリラだと思っていた。私は自分の仕事と自分の世話で手一杯になってしまう人間なので、さらに子供という他者を養育する大仕事を担っている人のことは、素直に尊敬する。尊敬するが「私にもできるはず」とは到底思えないし、やりたいとも思わないので母になっていない。

私は雑誌VERYを愛読している。表紙が井川遥さんやタキマキこと滝沢眞規子さんだった頃から読んでいる。対象年齢が違いすぎるし、私は子供を産んでもいなければましてや独身だった頃から読んでいるのだから、我ながらターゲットから外れていると思う。

しかしVERYにはあって他の雑誌にはない「磁力」のようなものがたしかにあり、

それに惹きつけられた独身子なし20代前半の私は、異世界を覗《のぞ》き見するような気持ちでVERYの分厚い誌面を眺めていた。

VERYといえば「VERY妻」という言葉に象徴されるように、経済的に豊かで、見た目も身につけるものも美しく、子供の教育に熱心で夫とも恋人みたいな関係を保っている女性をイメージする人が多いと思う。

2019年頃までのキャッチコピーは、「基盤のある女性は、強く、優しく、美しい」というもので、基盤とはすなわち「稼ぎのいい夫と子供がいる家庭」だろう。夫・子供・財力・美しさの4つを兼ね備えた主婦であることをよしとする思想が表れている。

しかし昨今のVERYは打って変わってかなり「ワーママ」寄りだ。古き良きVERYはいわゆる「セレブな主婦」やそれに憧れる人が読むものだったけれど、ここ数年のワーママシフトは凄まじいものがある。

誌面には「主婦」という肩書きの読者モデルはあまり出てこなくなり、夫婦共働きで、かつ妻も正社員だったり独立していたり、自分で会社をやっていたりしてガッツリ稼いでいる人が増えた。

かつては「夫におねだりするもの」として掲載されていたジュエリーも、「私が仕事を頑張るための必要経費として家計に計上して買う」「育休復帰のお祝いとして清水買《きよみず》いしました」といった言葉が並ぶようになり、VERYウォッチャーとしては隔世の感がある。

そんな令和のVERYのキャッチコピーは「私たちに、新しい時間割り」である。夫や子供の都合に合わせて生きる従来の主婦像から脱して、「私もガッツリ働いて稼ぐから、時間や家事のやりくりを協力してね！」というワーママ像が見える、今っぽいキャッチコピーだと思う。

ここ数年のVERYの巻頭には決まって「私の『新しい時間割り』」という連載がある。匿名読者の日々のスケジュールが記載されているのだが、これが毎号「ゴリラ」すぎるのだ。

仕事の合間に家事や保育園の送迎をこなすだけでは、おそらくこのコーナーには載れない。会社経営や外資系金融など、夫婦ともに多忙な仕事をこなしながら、さらに子供の自宅学習や習い事の送迎時間を確保し、自分磨きのためのジムやピラティス、夫との二人時間、友達と会ったり趣味を楽しむ時間を捻出《ねんしゅつ》したりしている、「一体いつ寝てんの？」という人たちが、実際何をどうやっていつ寝ているのかを解説するコーナーなのである。

そして答えは、「あんまり寝てない」である。

5時起床、23時就寝くらいならまだいいほうだが、この連載で7時間以上寝ているワーママは私の記憶ではほぼ見たことがない。

夫・子供・財力・美しさの4つに、「仕事」を加えたのが令和のＶＥＲＹなのだとしたら、そのすべてを手に入れるための時間割には7時間寝ている暇はないようなのだった。

もっとも、妻が「仕事」を手に入れて稼げるようになれば、モラハラ夫や家事育児に協力的でない夫とは離れてもいいわけで、令和のＶＥＲＹにはシングルマザーのモデルが出てきたり、離婚やモラハラに関する特集が組まれたりもしている。

「基盤」は女が自分で作る時代です！　という心強さがあって好感が持てるのだが、シングルになったとしても「時間割り」が超タイトでワーママが寝られないことには変わりがないだろう。なんなら、よりゴリラになる必要があるに違いない。

私はこの「私の『新しい時間割り』」ページの「5時起床」の文字を見るだけで「私にワーママは無理だ……」と思う。なにせ10時からオンライン会議がある日は9時50分まで寝ている人間なのである。「母になったらやらざるを得ないのだから、そうればできるようになるもんだ」と言われるかもしれないが、そもそもやらざるを得ない状況にはなりたくないというのが本音である。

同僚は子供を育てながらフルタイムで働いている。彼女は「ゴリラにはなりたくない！　なれない！」と言い、「ゴリラにならなくてもワーママができる世の中になってほしい」とよくこぼしている。

しかしそんな彼女も分刻みのスケジュールを日々こなしながら、子供の離乳食を作って食べさせ、床にこぼされた離乳食を拭いたあと、夜遅くに仕事に戻ったりしているという。自分の世話しかしていない私からしたら、すでに十分立派なゴリラである。

そうかと思えば子供を育てながら会社を経営したり、子供を育てながら仕事もして大学院に行ったりしているスーパーゴリラワーママもいたりして、人と比べはじめたらきりがない。

もう搭載しているエンジンが違うとしか思えない。

そういうスーパーゴリラワーママは「女性だったり母だったりしてもやりたいことを諦めなくてよい」という希望をくれる一方で、「あの人は子供を育てながらあれもこれもやっているのに、私ときたら……」という、底なしの自己否定沼へ引きずり込むこともある。スーパーゴリラワーママは何も悪くないけれど、メンタルの状態によっては見ないほうがいい日があるのもたしかだ。


令和の時代に「母」をやるには求められるものが多すぎる。

「女は良妻賢母でおればよい」という「基盤」時代がよかったとは思わないけれど、心も体も強くなければこなせない令和のワーママ業務は人を否応なしにゴリラにさせる。母親だけでなく、令和のワーパパもまた「基盤」時代の父とは違った精神力と体力が求められているのだろう。

夫婦でゴリラとなり、険しい「令和の子育て山」を登っていくのか？　と問われ、私たち夫婦は尻込みしてしまい現在に至る。

ゴリラになりたくない同僚は、今年から時短勤務にするという。「ぼーっとする時間が欲しい」「とにかく寝たい」という理由から、らしい。

私もそれがいいと思う。親もたまにはぼーっとする時間が必要だし、7時間は無理でももっと寝てほしい。「子育てしてたって、たまにはぼーっとする時間もあるよ、けっこう寝られてるよ」という親が増えたら、「令和の子育て山」に登ってみるかと思える夫婦も増えよう。

彼女の「新しい時間割り」はVERYには載らないかもしれないが、私は山のふもとから陰ながら応援したいと思っている。

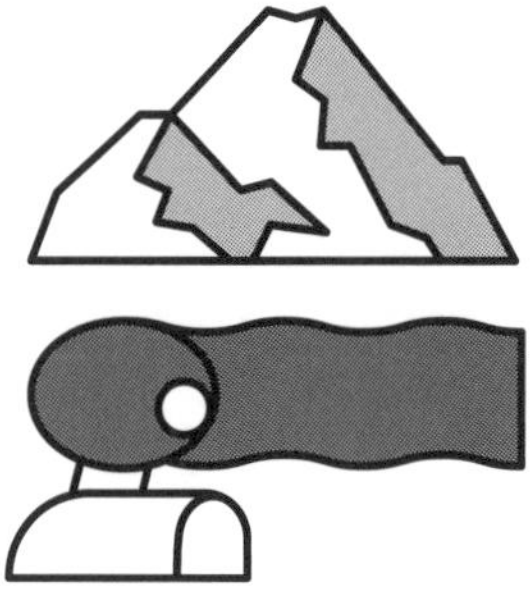

3章

母になることで失われるアイデンティティ

私の、私による、私のための時間とお金

私には今、空前の習い事ブームが来ている。

リモートワークなので日々の運動不足を解消したく、ついでにデスクワーカー特有の巻き肩＋反り腰＋猫背の三重苦もなんとかして姿勢をよくしたい、そしてなんならちゃっかり痩《や》せたいという軽い気持ちで近所のバレエ教室の門を叩いたところ、これがしっかりハマってしまったのだった。

最初は週に1日だけだったのが、どんどんレッスン回数を増やして現在は週に4日も5日もバレエのレッスンに通っている。そこらへんの子供よりよほど熱心である。

子供の頃にバレエを習っていたわけではないけれど、学生時代に少しダンスを齧《かじ》っていたのと、個人で黙々と鍛錬《たんれん》するスタイルが性に合っていたのか、かなりのめり込んでいる。日常が、自宅とバレエ教室と、原稿を書く喫茶店の3地点の反復横跳びと

いった様相だ。

「痩せるためにバレエを習う」はずが、いつの間にか「バレエのために痩せる」という目的と手段の逆転現象が起こり、地道に食事制限もはじめた。プロの舞台を観て学びたいと思うようになり、目ん玉が飛び出るほど高いパリオペラ座バレエ団の来日公演を一番高い席で観てみたりもしている。

もちろん、プロになるとか仕事にするとかそういう目的のためにやっているわけではないし（そんなことは不可能だし）、完全なる自己満足の世界だ。

はじめて2年と少し、まだ「バレエを踊っている」という状態になったかならないかくらいの習熟度である。

しかし、自分の時間と自分で稼いだお金を自分のやりたいことのために費やし、少しずつでも成長を感じられるというのは、何物にも代え難い喜びがある。誰かにやらされて仕方なくやっているのではない、完全に自分のためだけの営み。

そんなふうに時間とお金を使えるようになったのは、本当にここ数年のことだ。

子供時代は、自由が無限に広がっているようでいて全く自由ではなかった。「時間割り」に厳格に区切られた生活で、行動範囲も使えるお金も親の監督下にある。私が一番不自由だったのは子供のころだったように思う。私が育った車社会の地方では、親が許した場所でないと車で連れて行ってもらえないのだから――。習い事だって「生活圏内に教室があって無理なく行ける・金銭的に負担が少ない」ものでないと許してもらえなかった。

大学生になって一人暮らしをはじめると、自由度は高くなったもののお金はなかったし、授業やゼミやバイト、インターンなんかでずっと忙しかった。一昔前の大学生は時間を持て余しているイメージがあったが、私たちの頃にはもう「就職活動」が学生時代の半分くらいを侵食しており、自分が何をしたいのか、何者になりたいのかも分からないまま「何者か」になるための時間を費やしていた。

就職して社会人になってもすぐには賃金が増えず、ただ労働だけに生活がジャックされ、土日は溜まった家事と体力回復にのみ時間を費やす日々がしばらく続いた。英会話などの「キャリアアップにつながる習い事」ならともかく、仕事に関係のない、ただ自分のためだけに習い事をするなんて発想にも至らなかった。日々仕事に追い立てられ、来た球を打ち返すことだけに必死だった。

社会人になってもうすぐ10年になろうかという30歳頃になって、ようやく働き方のペースが摑《つか》めてきた。そこでこの習い事ブームである。

30年生きてようやっと、時間割りや大学受験や就活に縛られず、親や上司に指図されることもなく、自分の好きなようにお金と時間を使える時期がやってきたのだ。人生の春とは学生時代ではなく今なのではないかと思うくらい、自由で余裕があって楽しい。誰も私の邪魔をしない。

なぜなら自分で働いて稼いだお金だし、自分が仕事の合間に作った時間なのだ。誰にも文句は言わせないし、誰のためにやっているものでもないし、私の、私による、私のための時間とお金。それが私にとっての「習い事をする」ということなのだ。

しかし、この「シン・人生の春」を脅かしうるものがある。「出産」だ。

やりたいように習い事に時間もお金も費やしていると、あのマダムみたいに「今のうちにやっておかないとね。子供が生まれたらできないものねえ」と言われることがある。

冗談ではない。やっと、やっと、やっと誰にも邪魔されず、何にも追い立てられずにやりたいことができる自由を得たのに、子供を産んだら「私の、私による、私のための時間とお金」は端に追いやられてなくなってしまう。

ずっと誰かや何かに追い立てられてきたのに、今度は子供のために十何年も時間に追われ、子供の教育資金のために自分のやりたいことは我慢して生きろというのか？

私はいつ自由になればいい？

子育てが終わって自由になったとき、今のような体力や気力が残っているとは到底思えない。

「たかが趣味じゃないか」と言われるかもしれないが、習い事自体が重要なわけではない。「私の、私による、私のための時間とお金」があるということが大事なのである。

「そういう身勝手な女が増えたから少子化が進むんだ」と言われるなら身勝手でけっこう。子供が生まれても「俺の、俺による、俺のための時間とお金」を手放してこなかったかつての父たちの陰に、「私の、私による、私のための時間とお金」を奪われ続けてきた母たちがいて、そんな母たちを見て育ったのが私のような「身勝手な女」である。

「身勝手な女」にならなければずっと時間もお金も搾取され続ける、ということを学ぶには、この社会は教科書として優秀すぎた。

「誰かのために自分を捧げて生きる」という行為は、女であれば進んでやりたがるものだ、といまだに思われているのが不思議だ。女なら子供を産み育てることに人生を費やすのが唯一無二の幸せだと思っている人は根強くいるし、夫を支えたり親を介護したり、はたまた職場で「潤滑油」「クッション材」「サポート役」として〝機能〟することを求められたりするのはまだまだ女だ。

それは、生徒会長は男で副生徒会長は女という暗黙の了解があったり、男子運動部のマネージャーがなぜか女だったりするところからすでに「はじまって」いる（女子運動部のマネージャーが男であるケースは聞いたことがない）。保育士や看護師といった他者のケアにかかわる仕事に女が多いのも、女に対してそういう役割が期待されているからである。

「誰かのために生きる」ことは立派なことだ。しかしそれは女だけがやるべきことではない。男が生涯「俺の、俺による、俺のための時間とお金」を手放さないために、子供を持たずに生きるのは「こだわりのある人」「自分を貫いているかっこいい人」とみなされるのに、女がそれをすると途端に「身勝手な女」というレッテルを貼られる。時には「本当の幸せを知らないかわいそうな女」「人間的に未熟な女」というレッテルになることもある。

「女がずっと誰かのために身も心も削っていないと違和感がある」という人が一定数いるのである。そういう連中は、女が趣味に熱中していたり、流行っているカフェの長蛇の列に並んだりして「自分のお金と時間」を楽しんでいるのを見ると、嘲笑《ちょうしょう》せずにはいられない。「年甲斐もなく」とか、一昔前の揶揄《やゆ》言葉だと「スイーツ（笑）」とか。女には自分の時間やお金を二の次にして、誰かのケアに徹していてもらわないと都合が悪いのだ。

私はあいにく「誰かのために生きる」ということが向いていない性分なので、「私の、私による、私のための時間とお金」を手放して自分の子供に与えるということは、たぶんできない。それが人生の何にも代え難い喜びだという人もいるのは知っているし、否定もしないし、そういう人たちは「私の、私による、私のための時間とお金」をすっかり諦めなければいけないと言っているわけでも、もちろんない。他者に何かを差し出すことによって得られる大きな喜びがあることも知っている。

けれど、「私の、私による、私のための時間とお金」は有限なので、どれくらいを自分に費やし、どれくらいを他者に費やすかは、その人の幸せの形によって異なる。

ただ、私の幸せは「子供に私の時間もお金も捧げる」という形ではないというだけなのだ。

私は、私が自分のために生きることを自分に許したい。自分のために生きながら夫を大切にすることだってできる。自分のために生きながらでも、人のためにできることはある。

この話を読んで、「利己的だ」とか「人間的に未熟な考えだ」と感じた人は、その感情がどこからやってきたもので、どんな属性の人に何を期待しているのか、男性が同じことを言ったらどう思うのか、といったことを少し考えてみてほしい。

「母」と「個」

子供を産んだ知人のSNSが子供の投稿一色になる。

久々に会った女友達が子育ての話しかしなくなる。

20代後半から徐々にそういう出来事に遭遇しはじめ、しっかり戸惑った時期もあったけれど、30代になってだいぶ慣れた。

しっかり戸惑っていた頃は、しょっちゅう一緒に深夜残業して鬼のように働いていた先輩が出産を機に会社を辞めて、子供と夫のためにアイシングクッキーを焼いてインスタに上げるようになったのを見て、かっこよかった先輩が「あっち側」に「なってしまった」と感じた。羨望《せんぼう》や焦りの感情とは少し違う。戦場で一緒に身一つで闘う戦士だと思っていた人が、他者のために献身して生きるようになってしまったのだという、寂しさのような感情だった。

実際先輩がどんな気持ちで働き、どんな気持ちで会社を辞めたのかは知らない。クッキーを焼いている姿が本当の先輩だったのかもしれないし、仕事に燃えていた頃のほうが楽しかったのかもしれないし、何も分からない。

いつも私は、どんどん母になる友人知人を見て、「私も早く産まなきゃ」という気持ちよりも、「私の知っている彼女たちがどこかへ行ってしまう」という寂しさのほうが勝つ。

子供を産んだ女友達と勝手に距離を置いたこともある。向こうは子育てに忙しくて、私に距離を置かれたことなど気づかなかっただろうが、なんとなく「違うかな」と思って離れた。SNSの子育て投稿にリアクションしなかったし、連絡も控えた。

会っても子育ての話になるだろうし、そうなったら私に言えることはあまりないし、なにより「母になって変わってしまった彼女」に会うのが嫌だったのである。もう昔のあの子ではないのだなあと実感して寂しくなるのが嫌で、必要以上に接触しないようにした。

年を追うごとに子供を持つ女友達も増え、彼女たちの「母になっても変わらない部分」をちゃんと認識できるようになり、また彼女たちも「自分の母になる前の部分を知っていてくれる女友達」の存在を喜んでくれるということを知って、自分の中の「子供を持った女友達への心理的距離」はかなり縮まった。あの先輩は「あっち側」に「なってしまった」のではなく、戦場が変わっただけなのだ。私たちは子供を産んだか産まないかで分断されるべきではない。

そう気づけたのは大きな収穫だったのだけど、私の中の「母になったら人は変わらざるを得ない」という認識が、30代になって強固になったのも、また一方で明らかだった。どうしたって出産と子育ては人生の一大事なのだから人格に影響があって当然なのだが、問題はそこではない。常に他者をケアしながら生きる暮らしは、メンタル的にもフィジカル的にも自分の「個」の部分が削られていくものなのだと、母になった人たちとかかわる中で理解した。

子供の前では絶えず「母」として振る舞っているので、本来の自分に戻れる時間がない。自分が母になる前、何が好きでどんな人間だったのか忘れてしまった。いつの間にか「役割」が自分の存在を凌駕《りょうが》し、家族や子供の都合を取っ払ったときに自分がどうしたいのかが分からない。これが「幸せ」なのかもしれないけど、なぜかずっとつらい。そんな話をさまざまな場所で耳にした。

一昔前に『名前をなくした女神』という、ママ友同士の人間関係を題材にしたドラマがあったが、今でもそのタイトルをずっと覚えている。母になると自分の「個」としての名前は失われ、「母」としての役割がアイデンティティになっていくという現象をよく表しているタイトルだったからだ。

母になって得たであろう幸せだってたしかに大きく、代え難いものなのだと思うけれど、それとこれとは別の場所に、彼女たちが「個」を失っていく悲しみもある。それは「大きな幸せを得たのだから、その分何かを失うのは仕方ないこと」と簡単に切って捨てられるものではないと思う。そして私はやはり「個」をある程度失うことを覚悟してでも子供を持とう、とは思えないのだった。

「母」をやりながら「個」を失わないよう奮闘する人もいる。「母」の面と「個」の面を上手く使い分けて、自分の時間を確保して、趣味や仕事や自己研鑽に励んでいる人。昨今はそういう人が「すべてを手に入れている人」として羨望される。

しかしながらそういう人は「めちゃくちゃお金がある」か、「めちゃくちゃ馬力がある」か、「実家などのなんらかの手厚いサポートがある」か、はたまた「子供が丈夫だったり利発だったりして手がかからない」のどれか、もしくはそれらをいくつも持っていたりするので、誰にでも再現性があるとは言えない。

「この人、お子さんを育てているのにいつも身綺麗で、仕事もガンガンして、語学学習もして、すごいなあ。もしかしたら仕事と育児と趣味の両立って、言うほど難しくなくできるもんなのかな？」と思ったら、毎朝4時に起きても元気でいられる体力の持ち主だったり、何かのタスクを外注する金銭的余裕があったりする人だった、ということがよくある。

そういう人だって最初からそういう仕上がりだったわけではなく、努力の末に手にしたものだとは思うのだけれど、ここまで条件が整わないと「母」をやりながら「個」を守るということはできないのか……と、やはり気が遠くなる思いがするのだ。

私が母になったとしても、「すべてを手に入れた人」になるには相当な根性を要するだろうなあと思う。

母になって、「役割ができた」ということに救われるという気持ちも分からなくはない。自分の「個」の面だけで、仕事での成果や自己実現を追い求めて生きるということも、時にしんどいのだ。自分個人の可能性を信じられなくなったときに行き詰まりを感じたりもする。

子供を持つことで、子供という他者を育てることを生き甲斐《がい》にしてしまえば、「自分の可能性一本で進むゲーム」から降りられる。

しかし、やはり子供は他者なので、他者を育てているとしても自分の人生の操舵者《そうだ》は自分なのである。母という「役割」に全ベットし、子供に多くを託《たく》しすぎてしまうことは、自分にとっても子供にとっても危険だ。母になっても「個」の面は守っておく必要がある。どんなに「母」という役割が「個」を侵食してきたとしても。

「個」の面を守るということは、別に仕事や自己実現に励むことでなくてもよいと思うのだ。ただ自分が個人として、自分の名前で呼ばれる場所を守れれば。母親になる前に好きだったものごと、考えていたことを思い出せるような、役割から解放される時間があったらいい。

それは趣味に打ち込むことかもしれないし、好きなときに友達と飲みに行くことかもしれないし、いろんなやり方がある。昔から「父」には許されてきたことだ。

私は母にはならないかもしれないが、「母」になった女友達を名前で呼ぶ存在であり続けたいと思う。彼女たちが母になる前からどんな人間か知っている。その人が母になったかどうかは私にとってはさして重要なことではないのだ、本当は。母じゃない彼女たちと友達になったのであり、友達になった部分は「母」になったあとも彼女たちから消えてなくなったりはしない。

彼女たちを「母」という役割が侵食してきたとしても、私は「ママ」や「お母さん」になる前の名前で彼女たちを呼び、好きなドラマや仕事の愚痴や、ダイエットや美容医療なんかの話をし続けるつもりでいる。子育ての愚痴も、役に立つか分からないけどできる範囲で聞くし、私の「子なしは肩身が狭い」という愚痴も聞いてほしい。

あなたの「個」の面を、私はちゃんと覚えているよ。あなたは本当はこういう人だったんだよ、ということを、たまに思い出してもらうために、「ママ友」じゃない「女友達」でいたいと思うのだった。

「母になる」機能の受け入れ難さ

子供を産んで育てている女友達からは、体の悩みを打ち明けられることがままある。

子供を産んだら全然体重が落ちなくなってショックだとか、抜け毛がすごくてショックだとか、乳が垂れてショックだとか、産後の尿もれが治らなくてショックだとか、とにかくいろんなショッキングなことが次から次へと起こりすぎるらしい。

胎内で人間を育てて世にリリースしているのだから、出産に伴う人体の負荷は凄まじいものがあるのだろう。他の生物には出産後すぐにメスが死んでしまう種だっているのだから、動物としての一大イベントを終えたあとに体に変化が起こるのは当然なのかもしれない。が、どうにも納得いかない。人間の父親は心身ノーダメージで子供を持てるのに、どうして女ばっかり！　と思わずにはいられない。私は子供を産んではいないけれどむかつく仕組みである。

そして、そういう母親の体の変化については「そういうもん」としてあまり対処法がなかったり、なんなら「母親の勲章《くんしょう》」みたいな扱いにされていたり、「母親になったんだから当然」みたいな感じで矮小化されているのも嫌だなと思う。

その一方で子供を産んだ女優さんなどには「産後とは思えない美しいスタイルで現場復帰！」といったネットニュースの見出しがつけられたりもしている。

女は体のダメージについて騒《さわ》いではいけなくて、我慢して何事もなかったかのように振る舞わなくてはならず、それでいて常に小綺麗にしていることを求められている。生理痛やPMS（月経前症候群。Premenstrual Syndrome の略称。生理前に起こるさまざまな精神的・身体的な不調のこと）について、「女なんだから」「いつか赤ちゃんを産むんだから」と我慢させられてきた構造と同じなのだなと思う。

2024年前期のNHKの連続テレビ小説『虎に翼』では、おそらく朝ドラ史上初めて「主人公が生理の重さを理由に学校を休む」という描写があった。朝ドラの主人公はほとんどが女性であるにもかかわらず、60年以上の歴史の中で「生理」はないものとされていたも同然だった（主人公が結婚・出産を経て母になる描写はたくさんあったけれど）。そして私を含む視聴者もそれに疑問を抱いてこなかった。女でさえ、「生理やPMSはあまり表に出して騒ぐものではない」という考えを内面化してきたということだろう。

もし生理が起こり妊娠や出産をするのが男女半々だったら、生理痛もPMSもつわりも産後の体の不調も、もっと研究が進んで対処法が開発されてきたかもしれない。

子供を産んで変化するのは体だけではないという。

子供を産んだ知人は、明らかに育児ノイローゼ寸前の状態なのに「他人に子供を預けて休む」ということを自分に許せなかったらしい。ホルモンの影響で子供を守ろうとする意識が高まったせいなのか、日本の母親が頑張りすぎているせいなのかは分からないが、あとから思い返してみて明らかに冷静ではない行動を産後にとってしまっていた、という話はよく聞く。母親の二人に一人は「育児ノイローゼ（出産後や育児期における不安やうつ状態、睡眠障害などを引き起こす精神状態）だと感じたことがある」という調査結果もあり、決して珍しい話ではない。

「母親は子供を守るようにできている」といえば聞こえがいいかもしれないが、自分の健康よりも子供を守ることを優先させるようにプログラムされているのだとしたら、女の命ってなんなんだろうな、と思ってしまうのだった。

「体の見た目が変わってしまうのが嫌だ」とか、「自分よりも子供を優先するようになってしまうのが嫌だ」と言えば、人間的に未熟な女がわがままを言っていると思われるだろう。実際口に出さなくても、「やっぱり産んでない女は考えが幼稚だ」と思う人は少なくないと思う。

しかし、自分の体と心をなるべく自分のコントロール下に置いて、自由にしておきたいと思うのは、そんなにわがままなことだろうか？

少なくとも、体にも心にも影響を受けずに親になれる性の人にはとやかく言われたくないと思ってしまう。


ともあれ「自分の体と心を、自分の意思と選択のもとでコントロールする」ということと、「否応なく体と心が変化してしまう、妊娠・出産に伴うあれこれ（生理を含む）」は、かなり相性が悪い。「子供を産むという目的のもとでは、自分の体を自分ではどうすることもできなくなってしまう」という仕組みが、最初から自分にあるというのはなんと不自由なのだろうか。

声変わりや生理など、二次性徴の体の変化を受け入れられない子供が一定数いるという話は聞いたことがある。自分の体が「女性らしく」「男性らしく」なっていくことに違和感を抱くらしい。身体的・性的成熟と精神的発達がアンバランスな時期であるので、自分が何者なのか、どうしたらよいのか分からず不安定になるのだ。

私自身は子供の頃の体の変化は「ふーんこんなもんか」と受け入れていたが、大人になってから自分の「産む側の性」について受け入れ難い思いを抱くようになった。性自認は女性で身体的特徴も女性であるが、自分についている「産むための機能」には年々親しみにくさを募らせている。自分の意に反して、「〝自分以外の生命〟をつくることと育てることを最優先して動く機能」が自分に備わっているというのが、怖い。私は私の体と心から裏切られる可能性を抱えて生きていかなくてはならない。

母親になるにしたがって変わっていく自分の体と心を、誇《ほこ》らしく思える人もいるのだとは思う。子供を妊娠して産み出すという一大プロジェクトのために、自分の意思とは関係ないところで心身が変化していくことを「生命の神秘」とか「女性の体の素晴らしさ」ととらえる価値観もあるし、そういう側面もたしかにあるだろう。不思議だし、尊い生命の営みである。

しかしそうやって「母になること」を過剰に神聖視することは、「母なんだから耐えられて当然」「つわりや出産の痛みは母になるために必要な営みなのに、麻酔や薬で軽減するなんて望ましくない」といった、苦痛の軽視と表裏一体であると警戒している。ちなみに、アメリカは7割以上、フランスは8割以上と高い割合で無痛分娩が行われている一方で、2020年4月に厚生労働省より発表された『令和2(2020)年医療施設(静態・動態)調査(確定数)・病院報告の概況』によると、日本全体での無痛分娩の割合はわずか8・6%にとどまっている。

「特別な存在である」と祭り上げることと人権軽視はいつだってセットだ。祭り上げるということは、「同じ人間ではない」と思っているということなのだから。

そんなわけで、私は自分の「母になるため」の機能と、それらを神聖視する風潮とはずっと相容れないでいる。

自分の体と心が自分のものではなくなって、何か大きなものに支配されることは望ましい出来事であって、そうなってはじめて「女」として役割を果たしたことになる、という考え方が心から嫌なのだ。

どうして女にばかりこんな機能がついているのだろう。

男は「子供ができたら自然にお父さんになるのよ」とか「お父さんになったら子供のためになんでも我慢できるようになるのよ」とも言われないし、「子供を守りたい本能からヒステリーな父親になっている」といったことも起こらない。

「父性が芽生えて変わる」ということも期待されていない。子供ができてもずっと変わらないでいることを、身体的にも精神的にも許されている。

だから「男はいつまでも少年なんだ」みたいなアホらしい言説がいまだにまかり通っているのである。女は生理がはじまってから毎月ずっと「母になる準備」をさせられ、家事や育児、介護などのケア労働という「母性のある」振る舞いを社会から求められ、実際に母になることを期待され続けている。それらを拒否すれば「役割を果たしていない女」「冷淡な女」「自分勝手な女」「本当の幸せを知らない女」という不名誉なレッテルを貼られる。どれも、「子供を持たない男性」には貼られないレッテルだ。

2017年に大和ハウス工業株式会社が行った「20代から40代の共働き夫婦の〝家

事〟に関する意識調査」では、いわゆる「名もなき家事（掃除や洗濯、料理といった名前のある家事以外の、細々とした家事）」の9割を妻が負担していることが分かっている。調査時から7年が経ち、多少は世の中の意識も変わったかもしれないけれど、ゴミを出したら新しいゴミ袋をセットするとか、冷蔵庫の麦茶を新しく作って補充するといった、細かくて面倒だけれど必要な作業を主に担っているのは、いまだに女性だ。

そして、こういった作業を男性に「お願い」する場合、具体的に指示を出したり、やってくれたら大袈裟に褒めたり（女がやって褒められたことなんてないのに！）、大袈裟に感謝したり（女がやって感謝されたことなんて以下同文）するという新たな仕事が発生しがちだ。こういった不公平な構図も「女性のほうがケア労働に向いているから」「男性は細かいことに気づかないから」という、根拠のない理由から見過ごされてきた。そしてこの構図はそのまま育児の場にも持ち越されている。

そもそも、「子供を持たない女性」についてはよく話題に上げられるが、「子供を持たない男性」という言葉はあまり耳にしないということからも、男性が「父になる」「父らしく振る舞う」ことは、女性のそれと比べたらあまり社会から要請されていないということが分かる。

どうしても、体が変化して物理的に「母になる」ほうの性が深刻にならざるを得ず、やむにやまれぬ気持ちを抱えてばかりいるのが、悔しい。

私はそんな性に生まれてしまった一人だが、心と体を「母」に変えて、自分よりも自分以外の人間を優先する人生を選ぶことが、どうしてもできないでいる。

体のほうは、低用量ピルを飲むのをやめれば毎月排卵があり、母になる準備を勝手にはじめるだろう。私は負けじと毎日ピンクの小さい錠剤を飲んで、それを阻止する。私は自分の体と心を、自分だけのものにしておきたいだけなのに……。

男だったら何もしなくても普通に叶うことが、私には毎日欠かさず同じ時間に錠剤を飲み続けないと叶わないのだ。

みんな、どうして母になれるのだろう。自分の体と心を子供という他人に明け渡して、傷ついて、それでも母になりたいと思う人たちの気持ちは、やはり私には理解できない。

「そんなに大変な思いまでして母になるなんて、馬鹿げている」ということを言いたいのではなく、本当に純粋に、分からない。

みんな私に「どうして子供を産まないの？」と聞いてくるけれど、むしろ尋ねたいのは私のほうだ。

「みんなどうして子供を産むの？」

4章 子育てをするうえでの社会への不安

「子育て山」はエベレスト級？

先日、NHKの番組の収録に呼んでいただいたので参加してきた。『「子どもがいない世界」がやってくる？』というタイトルの番組で、世界の少子化について研究する有識者とともに、一般人ゲストがさまざまな視点から少子化について考えるという趣旨だった。

私は「積極的には子供を望んでいないスタンスの人」として呼ばれたのだが、スタジオには「子供が欲しい夫婦」「婚活中の男女」「不妊治療を経験して親になった人」など、さまざまなゲストがいた。

子供を持つことや結婚について全く違う考えの人たちなので、話していて気まずい感じになるシーンも出るんだろうか……？　と不安に思ったけれど、そんな心配はいらなかった。

有識者の方による世界の少子化事情は、暗澹《あんたん》たる気持ちになる話が多かったけれど、それについてみんなで真剣に自分の考えや経験について話し、「産みたい人が産み育てやすくなって、そうでない人も生きやすい社会になったらいいよね」という前向きな雰囲気で収録は進んだ。

みんなすごく真剣に話したので、収録は押した。

終盤、私に「子供を持たないと考えていることについて」の話が振られ、「私にとっては『子供を産み育てる』ということは『エベレストに登る』ことと同じくらい、ハードルが高く感じる行為だ」という話をした。

子供を産み育てることとエベレスト登山は、「はじめたら簡単に辞める（降りる）ことができない」「さまざまな困難や命の危険があっても、自分がはじめたことなので自分で責任を取らねばならない」「やってみたら人生が変わるが、もしかしたら死ぬかもしれない」など、いろんなところが似ているのではないかと個人的に思っている。

上手く登れている人は「やったほうがいいよ！　人生変わるよ！　楽しいよ！」と

言うのだけれど、私からすると「そんなに重装備して険しい山に登らなきゃいけなくて、苦しいことも絶対たくさんあるのも分かっているのに、やりたくないな。登らなくても下界で楽しく暮らせているんだから、別にやらなくていいか……」となってしまうのだった。

そんな話をスタジオでしたとき、MCの女性タレントさんが「そんなに高いハードル⁉ 月岡さんはすごく真面目に考えていらっしゃるんですね。高尾山くらいだと思えればいいんですけどねぇ」とリアクションしてくれた。

彼女はお子さんを育てていて、私から見ると「上手く登れている側」である。登山の難易度はその人その人で違うので、彼女にとってはそこまでハードルを感じることではなかったのかもしれない。

本当に、出産や育児が「高尾山トレッキング」くらいの気持ちで臨んでもなんとかなる難易度のもので、登山道にいろんなサポートがあれば、純粋に山の景色を楽しむことができて、より登山者は増えるのかもしれないなと思った。

後日、放送された番組を見たら、私の「エベレスト話」の部分はしっかり使われていた。なんなら番宣にも使われていた。

我ながらキャッチーなたとえをしたのかもなあと思いXをエゴサしたら、共感してくれている人がけっこういた。やっぱりまだ「子育て山」の標高は、多くの人にとってエベレスト級なのだろう。

「子育て山」に登っていない人間からすると、登っている人たちは、言葉を選ばずに言えば「よくやるなあ」という印象である。それは馬鹿にしているとかそういうのではなく、朝5時からランニングしている人を見たときに出るのと同じ響きのセリフである。本当にすごい。真似できない。

しかしこの「真似できない」が厄介《やっかい》なのだろう。

本当は「あんなにゆるそうな感じでも問題なく子育てができて、お金も心配いらなくて、ちゃんと健康にいい子に育っているんだから、私にもできるかもなあ」と思えるくらいであったほうがいいのだ。

ところが私の身の周りの母親になった人たちは、みんな大なり小なり何かを諦め、寝不足や疲労に耐え、先読みしてさまざまなリスクに備えつつ着実に武器を揃え、時に孤独に戦っているように見える。

子育てって、いつからこんなに重装備でないとできないものになったんだろう。

核家族化が悪い？

子供に求めることのハードルが上がったのが悪い？

物価が上がっても賃金が上がってないのが悪い？

何がどうしてこうなったのかを知りたくて本などを読んでみて、何かが分かった気にだけはなるのだけれど、目の前の子育て山の高さは依然として変わらないのだ。

私は楽しく登れる気が今のところしないのと、子育て山登山以外にやりたいことがいろいろとあるので、たぶん今後も登らない気がしている。考えれば考えるほど、自ら進んでやりたいとは思えなくなってきている。

しかし、自ら進んでエベレスト級の山に挑んでいる人たちを、ふもとから揶揄したくはない。

高い山に登って悪戦苦闘し、高山病になったり救助を呼んだりしている人を、「そらみたことか」「自分で選んだんだから文句を言うな」「自己責任なのに無駄な税金を使うな」などと言って糾弾するのはおかしい。おかしいが、SNSの「子なし」を名乗るアカウントの中にはそういう発言をする人たちが、残念ながら一定数いるのだ。

「自分はさまざまなリスクを鑑みたうえで、そっちの選択肢を取らなかった」というとき、「そっちの選択肢」を取った人が実際に「さまざまなリスク」に見舞われているのを見て、「やっぱそうなるよな」「私はやらなくてよかった」と思う気持ちは分からんでもない。

しかし、「自分の選択こそが正しかったんだ」と思いたいがために、別の選択肢を取った人を糾弾するというのは、品のいいやり方ではない。そして、そういうことをしたくなってしまうときは、たいてい自分が選んだほうが合っているのか不安になっているときなのである。

これは、子供を持たない人から持つ人へも、その逆へも起こりうることだと思う。

私は、子育て山に登らないで生きることを、「人生損してる」とか「本当の幸せを知らない生き方」だとは思わない。ふもとで楽しくやったらいいし、別の、自分が登って楽しめそうな山に登ったっていい。

私のこういう生き方について、誰かに評価されたくはないし、逆に私が誰かの生き方を評価したくもないのだ。

みんなそれぞれ好きな場所で頑張ったり頑張らなかったりして生きていくことを、

どうして許容し合えないのだろう。

……なんて綺麗事を言ってみたが、実際には私も子供を持つ人に対してネガティブな感情を抱くことだってある。

それは、たとえば出張で疲れて新幹線に乗ったら後ろの席の子供がめちゃくちゃ座席を蹴《け》ってきても親があんまり注意してくれないときとか、何ヶ月も前から予定を空けておいたのに「子供が熱を出して……」とドタキャンされて待ちぼうけをくらったときとか、周りが子供連ればかりの集団の中で話に参加できずに孤立したような気持ちになるときとか、いろいろある。

それらはきっと誰にとってもしょうがないことで、親をやっている側としてもどうしようもない事情があることだから、私も何も言えなくて、我慢する。

私の我慢だけが誰にも顧《かえり》みられずに取り残されたような気がして、でもそんなことを言うのは大人気《おとなげ》ないんじゃないか、普段子育てで苦労とか我慢とかしてないんだから、これくらいのことは普通に我慢しなきゃいけないんだよな、とも思う。

それでもやっぱり、私のこういう類の我慢は誰にも言えずに静かに蓄積されてゆき、心の奥底で結晶になろうとする。

私は慌ててそれを打ち砕き、なかったことにする。結晶ができてしまうと、それは私自身を傷つけ、やがて他者を傷つけるようになってしまうから。誰も知らないところで、そんなことを繰り返している。

子育て山に登っている人とは違う場所で生きているということは、そういうことなんだろう。

向こうだって、私と接しているときに誰にも言えないような小さな我慢をしているかもしれない。何にも縛られずに自由気ままに振る舞っている私を見て、小さなモヤつきの結晶を作りかけては打ち砕き、それでも何もなかったかのように付き合いを続けてくれているのかもしれない。

けれど私は、子育て山に登っている人の話を聞くのは嫌いじゃなかったりもするのだ。

私が登っていない山の景色のことを話してくれ、悩みを打ち明けてくれる女友達のことが大事だ。

そして彼女たちの悩みごとは、私の悩みごとと見た目は違っていても、実は似ていたり、根っこが同じだったりもする。

同じ国に同じ女として生まれ、同じ構造の中で女として生きている私たちは、結婚しようがしまいが、子供を産もうが産まなかろうが、実は同じものに傷つけられている同士なのだ。

登る山が違っても私たちは同志になれる。

そんな綺麗事を信じたくて、今日も自分の山から向こうの山を眺めてみる。向こうもなんだかんだ楽しそうだけど、こっちも自由で気楽で楽しいんだよなあと思う。それくらいでちょうどいい。

減り続ける希望と死の匂いの夏

年々、真夏日が増えている。4月から真夏日がある年もあるらしい。狂っている。季節の大半が冬と夏で、その隙間にコンビニのハムサンドのハムくらいの薄さで、申し訳程度に秋と春が挟まっている、というのが近年の「日本の四季」になってしまった。特に夏の殺人的な暑さは、科学者ではない私でもさすがに地球の先行きを案じてしまう。

記憶の中の夏休みは、朝のニュースの天気予報でその日の最高気温が30度を超えれば「今日は暑くなるねえ」という会話があったし、暑いといっても子供が日中に外を出歩いて学校のプールに行ける程度の暑さだったし、陽が落ちれば少し涼しくなって、庭で夕涼みしながら手持ち花火を楽しむ、というようなものだった。

ここ数年の夏は連日35度以上の猛暑日だし、40度を超える「酷暑日」になる日も珍しくなってきた。そんな日中に子供を外で数十分でも歩かせたら、それはもう虐待である。陽が落ちても全然涼しくならないので、「夕涼み」という言葉は近いうちに消えてしまうのではないかとすら思う。

気候変動の影響で台風や豪雨などの災害も増えている。

毎年どこかの街が洪水になり、家々に土砂が流れ込み、人が亡くなっている。熱中症で人が搬送され死亡したというニュースが、毎日聞こえる。

夏にはお盆もあるし、昔からどことなく死の匂いがする季節だと思っていたけれど、それはあくまで先祖やもう会えない人に想いを馳《は》せる、湿っぽさを伴った匂いであった。

最近はもっと直接的な、今生きている命をすぐそばで脅《おびや》かしてくるような、危険な匂いが強い。

夏、甥や姪たちと実家の庭で花火をした。

自分の子供の頃の夏を思い出して懐かしい気持ちになりながらも、あの頃とは大きく変わってしまった夏を思い、「この子たちが大人になる頃に、世界はどうなっているのだろう」と、ぼんやり考えながら炎色反応を見つめていた。

子供たちを見ていると「子供の存在とは未来そのものだな」とつくづく思わされる。私が死んだあとも生きていくであろう存在たちは、私が自分の力で見られる世界のその先を想像させ、私一人で完結しかけていた世界に、広がりを持たせてくれる。

時代がどんなふうに変わろうとも、子供が存在するだけで、そこに希望が生まれてくるということに変わりはない。

「今どきの人は『コスパ』と『タイパ』を重視するから、恋愛も結婚もしないし、子供も産まない」という言説をよく耳にするようになった。

精神科医の熊代亨《くましろとおる》（著）『人間はどこまで家畜か　現代人の精神構造』（ハヤカワ新書）では、「急激な経済発展は社会契約や資本主義や個人主義の思想を急速に浸透させます。ところが家族観はそう素早くは変えられません。そのギャップは韓国のベストセラー小説『82年生まれ、キム・ジヨン』に象徴されるようなジェネレーションギャップを生み、若者を古い家族観と新しい現実の板挟みに直面させます。そのうえ雇用情勢が流動化し、教育費や住宅費が高騰しているのですから、リスクやコスパの考え方を内面化した若者たちが家族や子育てにまつわるリスクを回避するのは無理からぬことです。」とある。この解説には頷く一方で、ネット上で散見される「最近の若者は無駄が嫌いだから、結婚や子育てといったものを無駄とみなして避けている」という言説は少し違うのではないかと思う。

コスパを重視するのは、使えるお金が限られていて、お金をかける対象を間違えられないから。タイパを重視するのは、生きるためのお金を稼ぐために、生活が労働にジャックされているからだ。

どちらも、無駄や余白を切り詰めて生活費を確保するためにやむを得ずやっていることで、社会が金銭的にも精神的にも貧しくなっているしわ寄せが、若者に行っている表れである。「今どきの若者のけしからん価値観」のように言われるのはおかしい。

子供を産み育てることの価値は、コスパなどでは到底測れない。そんなことは分かっているけれど、社会の先行きが不安で、地球がどうなるのかも分からなくて、自分を養っていくのに精一杯だから、子供を産まないのである。

「子育てはコスパが悪いから」産まないのではない。

もし気候変動がなくて、戦争もなくて、10年後は今よりもっといい暮らしができると信じられるほど社会の先行きが明るかったとしたら、「コスパやタイパ」なんてことを考えずに、多くの人が他者と生きることや新しく命を生み出すことという「手間と時間とお金はかかるけれど、そういった尺度では測れない幸せ」のために人生を使うのではないだろうか。

子供の存在や育児の過程には、コスパで測れない価値があることなんて分かっている。

分かったうえで、そんなに価値がある存在が生きていくには、今の社会には不安が多すぎるのだ。

気候変動以外にも、地上波のニュースをつければ「子供を産み育てることをためらう理由」になる話題が次から次へと出てくる。

戦争、景気の低迷、税金で私腹を肥やす政治家、いじめ、過労、セクハラやパワハラ、性犯罪、災害、超高齢化社会……。

逆に「どうしてこの状況で子供を産めると思うんですか？」と聞きたいくらいだ。

今この社会で、なんとか親が頑張って、子供がいじめや性犯罪に巻き込まれず、加害者にもならず、健康に暮らしていけるように守り切れたとしても、彼らが大人になる頃に世の中がもっとよくなっているとは到底思えない。

「産んじゃえばなんとかなる」とは言うけれど、頑張ってなんとかしたとしても、さらに親の力ではどうにもならなそうな大きな問題が、ドカンといくつも待ち構えているのが今の社会なのではないだろうか。

そして「大きくなった子供たちに委ねよう」と丸投げするには、先送りされてきたさまざまな問題があまりに膨《ふく》らみすぎている。

こういう話をすると、「もっと貧しい時代や戦時中だってみんな子供を産み育ててきたんだし、今はまだマシなほう」と言う人もいるかもしれない。

たしかに、戦時中やそれよりもっと昔に比べたら、「病気や飢餓《きが》や戦争で明日をも知れぬ命」とまではいかないくらいには生活は豊かになっているのかもしれない。

しかし「どんなに苦しくても女は子供を産み育ててきた」というよりは、むしろ「どんなに苦しい状況でも、女は子供を産まざるを得なかった」のほうが正しいのではないか。

女性が結婚せずとも自活できるくらいには社会進出が進んで、家事と子育てのみに縛られなくてもよくなったという点では、たしかに今のほうが〝マシ〟である。

私は、「昔の人はもっと苦しい状況でも子供を産むのが当たり前だった」ということを聞くたびに、昔にも必ずいたであろう「子供を産みたくないのに産んだ女性」「結婚したくないのにせざるを得なかった女性」たちのことを考えずにはいられない。

阪井裕一郎（著）『結婚の社会学』（ちくま新書）では、明治時代にできた家制度によって形成された結婚・出産（後継ぎの男子を産むこと）に対する価値観について、こう解説している。

「家制度の時代において、結婚は、第一に「家」を維持・繁栄させるための手段であることが強調され、教育されました。

家の跡取りとなる男子を確保することが、何よりも優先される結婚の目的となります。男子をもうけることは家に対する義務であり、家督を相続する者がいなければ祖先のまつりが途絶えてしまい、これ以上の不孝はないと考えられたのです（磯野誠一・磯野富士子『家族制度』）。

結婚は個と個ではなく、家と家の結びつきでした。

家のための結婚が推奨され、配偶者を決める重要な基準が、家柄や血筋、家どうしのつりあいとなっていくのです。そこでは個人の意志は二の次です。」

このように、結婚や出産が個人の意思ではなく、「家」を存続させるため、ひいては「国家」を繁栄させるためのものだった時代にだって、好きでもない男と結婚したくない女も、全然子供が好きじゃないし産みたくない女も、たくさんいたはずだ。

また、農業や漁業などを家族で行って生計を立てていた家庭では、子供を産む＝働き手を増やし収入を増やす・田畑や家業を守るということでもあったのだから、子供を産み育てることに対する感覚が今とはかなり違ったのだろう。

現代は、子供が増えるほど出ていくお金が増えるのだから、産む人数を減らそうと思って当然なのである。

多くの人が「社会の先行きが不安だから、子供を産まないでおこう」と思った結果、生まれる子供はどんどん減って、さらに社会の先行きが不安になる、という「負」すぎるループがぐるぐる回っている。ぐるぐる回って転がり落ちて、もう取り返しがつかないところまで来てしまっているのでは……とさえ思う。

子供の存在が希望なら、この国は希望を失い続けているのだなと、「今年も出生率過去最低を記録」のニュースを見るたび実感する。厚生労働省による「令和5年（2023）人口動態統計月報年計（概数）の概況」では、日本全体の合計特殊出生率が1・20、東京都に至っては、0・99になったことが大きな話題となった。

かといって、「じゃあ、お前が産んで少子化対策に少しでも貢献したらどうか」と言われたら、答えはNOである。「産めよ増やせよ」的な少子化対策には、全く賛同できない。

社会を維持するために、私たちが意に沿わない出産をして母になることを強制されたくない。

そういうことは、子供を産んでも母たちが何も奪われず、何も脅かされない社会になってから言ってほしい。

女の権利や自由を踏み台にしなければ維持できない「社会」なら、そもそも失敗している。

私たちは、自分を犠牲にして子供を産み育てるためだけに生きているのではない。「そんな社会なら崩壊してしまえ」という気持ちと、「甥や姪たちが生きる世界が少しでも明るくあってほしい」という気持ちが、いつも当たり前に、同時にある。

私たちはどうしたらこのループから抜け出せるのだろう。もしかしたら抜け出すことはもはや、無理なのかもしれない。無理だとしても、ほんの少しでもマシな状況を未来に残すために、できることをやるしか選択肢はないのだけれど。

私がおばあさんになっているとき、社会はどうなっているのだろうか。季節は一年中ほぼ夏みたいになって、インフラは維持できなくなって、80歳を超えても働き続けなければ生きていけない、みたいな感じだろうか。

そもそも日本という国はまだあるのだろうか――。

そのとき、私は「こんな世界に子供を産まなくてよかった」と思うのか、はたまた「産んどいてもなんとかなったかもなあ」と思うのか、全く分からない。

個人的には子供を産まない選択を後悔していたくないけれど、後者のように思えるくらい、世の中に希望が残されていたとしたら、そちらのほうがきっと、ずっといい。

祖母と「おじさん」とケア

既婚・子育て中の同僚とやっている『となりの芝生はソーブルー』というポッドキャスト番組では、ありがたいことにじわじわとリスナーが増えて、番組宛にお悩み相談も多く寄せられるようになってきた。

そんな中、中学校で教員をしているDINKsの30代女性リスナーから、「普段仕事で子供や保護者と接する中で、発達障害やいじめ、不登校といった子育ての大変なシーンに遭遇する。苦労する保護者たちを見て、もし自分の子供もそのようになったら……とマイナスなことばかりが頭をよぎり、子供を持とうと思えなくなってしまった」という相談をいただいた。

相談文の中には、「こんな心配をしているのは私だけで、考えすぎなのだと思います」とあったが、私もまさしく同じようなことを考えていたのである。

……と、ここまで書いてからかなりの期間、筆が止まってしまっていた。この話題についてどのように話せばいいのか、どんなふうに書いたら人を傷つけないのか、もっと正直に言えば「誰からも怒られないように上手く書く」にはどうしたらいいのか、など自己保身的なことを考えはじめたら、何も書けなくなったのだ。

一つ言い訳しておくと、子供の発達障害やいじめ、不登校の問題をすべて一緒くたに語るのはかなり雑であるという自覚はある。個々の家庭によって状況も違うし、同じカテゴリーの中でもグラデーションがあって、なにも一口には言えない。

けれど、ここでは「特別なケアが必要な子供を持つことで、母親に起こること」「それについて、まだ母親になっていない人間が感じる不安」という個人的な意見について書いていきたいと思う。

「自分の子供にもし障がいがあったり、いじめに遭《あ》ったり、不登校になったり、特別なケアが必要な立場になったとしたら」という問いは、そういう状況に置かれている人に対して〝自分が本当はどのような眼差しを持っているか〟を、否応なく直視させせてくる。

口では「どんな人でも暮らしやすい、インクルーシブな社会であるべきだ」と言っていても、それはあくまで「少数派を受け入れる側」の立場から言っているのであって、いざ自分の子供がその「少数派」になったとしたら、一番近くにいるはずの自分は、子供の属性をまっすぐ受け入れられるのか？　という問いに、私は答えられない。

親、特に母親は無条件に子供を受け入れ、無償の愛というやつを惜しみなく与えるものだ、という世間一般のイメージがあるのに、「子供がどんな状況でどんな属性であっても、変わらずに無条件に愛せますか？」と問われて言い淀んでしまうとなると、「私の子供への愛って所詮《しょせん》は条件付きのもので、全然親をやる資格なんてないんじゃないか」と思ってしまうのだった。

まだ産んでないから自分の子供なんていないのに、早くも「母親失格」のスタンプを押された気分になる。「押された」というのはちょっと被害者ぶりすぎているか。自分の中の社会規範が、自分に「母親失格」スタンプを押した、というのが正しいかもしれない。

そして「無条件に子供を受け入れ、無償の愛というやつを惜しみなく与え」られない「母親失格」の人間に対して、実際に世間の風当たりは強い。

そもそも、日本の社会での「母親合格」のラインが高すぎる問題は確実にある。それは特別なケアを必要としない子供を育てるうえでも同じだろう。

育てていない私が言うのもなんだが、日本の母親は多くを求められすぎているように思う。従来の〝母親らしい〟ケア労働に加え、生活費や教育費を稼ぐためにしっかり働くことも求められているのだから、ワーキングマザーはダブルワーカーみたいなものだ。

それなのに家事をしている時間は日本人女性は諸外国に比べて長く、睡眠時間が世界一短いというのだから、日本の母親は寝る間も惜しんで家事育児仕事をすることが当たり前になっている、と言っても全く過言ではない。

そこに加えて子供に「特別なケア」が必要になったとき、母親にさらに大きな負担がのしかかってくるであろうことは、産んでなくても容易に想像がつく。

実際に、医療的ケア児*の主な介護者は94％が母親で、正社員として働いているのは15・8％にとどまるという。

子供に特別なケアが必要になったとき、経済的には共働きしたいところを、母親は仕事を辞めたり減らしたりしてケアに専念しなければならなくなることが多い。

自分のキャリアややりがいを後回しにして、子供のケアに回ることを求められるのは、やはりまだまだ母親の側なのだ。

「それでも、どんな子供でも無条件に受け入れて、無性の愛を与えられますか？」と問われて、「それができるか自信がないので、母親になるのはやめておきます」という人が増えてもなんら不思議ではない。

ポッドキャストに相談を送ってくれたリスナーも、私も、言ってしまえばごく当たり前の感情で、そういう選択に至っているのである。

一定の割合でぶつかると分かっている高すぎるハードルが見えていて、自分からそこに向かっていける人が、一体どれくらいいるというのだろう。

実は、私も障がいのある家族と暮らしていた時期がある。私の実家には祖父の兄が同居しており、彼には生まれつき知的障害があった。

私の実家は父の実家でもあり、また祖父とその兄弟の実家でもあったから、祖父の兄は生まれてからずっと実家を出ずに暮らしていたことになる。結婚はせず、家業が農業だったので、農作業の担い手の一人として祖父母を手伝いながら生活していた。

簡単な意思の疎通はできたけれど、会話のキャッチボールはできなかったので、私が小学5年のときに亡くなるまで、祖父の兄とコミュニケーションを取った記憶はほとんどない。

物心ついたら、家には「おじいちゃんとおばあちゃん」の他にもう一人「おじいさん」がいて、でも会話とか全然できないし、あんまり絡みがない。よその家族とはなんだか勝手が違うんだなあくらいの認識でいた。

「おじいちゃん」はすでに一人いるので、もう一人のおじいさんの呼称をどうしたらいいのかずっと分からなかったが、父たちは関係性の通り「叔父さん」と呼んでいたので、子供たちもみんな同じように「おじさん」と呼んだ。

おじさんの世話は祖母がしていた。

祖母は嫁ぎ先で「障がいを持つ義兄のケア」をずっと担っていたということになる。今思えばかなり重い話なのだが、それが当たり前の家に生まれ育ったので、子供の頃は違和感を抱かなかったのだ。大人になって結婚した今、祖母がどんな思いで暮らしていたのか、ときどき考える。おじさんが亡くなって10年ほどあとに祖母も旅立ってしまったので、もう話を聞くことはできない。

私が特別なケアが必要な子供を受け入れられる自信がなく、母親になることを選択しないようになりつつあるのは、おじさんと、彼をケアする祖母がいる家で育ったことと無関係ではないと思う。

障がいのある人のケアを、家族の女性が担うということ、それによってその女性から失われること、障がいのある人が歳をとっていく姿、社会からの眼差し——。

それらを幼いながらに見て育ち、あまり希望的観測ができなくなってしまったという側面は、否定できない。教員をやっていてさまざまな現場に遭遇し、子供を持ちたいと思えなくなってしまったリスナーと同じ構図である。

決して、特別なケアが必要な人の存在が悪いのではない。

その人やその家族が「そこまで苦労せずになんとかなっている」「楽しそうにやっている」姿をたくさん目にしていたら、リスナーも私も別の選択を考えられたはずだ。

「なんとかなっていない」「なんとかするために、家族の女性が別の何かを犠牲にした」

というケースばかり目につくから、そのハードルを回避したいと思ってしまうのだ。

「どんな人でも暮らしやすい、インクルーシブな社会であるべきだ」と思う一方で、「それが家族の女性が心身をすり減らした結果の上にあるのはおかしい」とも思う。

「障がいのある子供が生まれたら育てられないから子供を産みたくない」という話をすると、「優生思想だ」と糾弾されがちなのだが、それは違う。

特別なケアが必要な人を尊重する気持ちと、自分が誰かのケア要員として人生の多くの部分を捧げるのは嫌だという気持ちは、当たり前に両立する。


この話に綺麗な結論をつけるのは難しい。

「難しい」と言ってしまうことで考えることから逃げたくはないのだけれど、難しい。

祖母は、自分の姿を見て育ったことが、多少なりとも孫の「子供を持たない選択」に影響していると知ったら、どう思っただろうか。ひ孫を見てみたかっただろうとは思うけれど、祖母が現代に生まれていたら、家族のケアに追われることがなかったら、きっと仕事をバリバリやって旅行もたくさんして、自由に楽しく生きられたんじゃないかと想像する。けっこういい女友達になれたんじゃないかとも。

祖母の人生がかわいそうなものだったとは思わないし、祖母が他者のために使った時間や労力は無駄なんかではなく、たしかに一人の人を支えていた。けれど、誰かのケア要員ではない彼女の人生はどんなだっただろうと、ときどき考えている。

＊医療的ケア児とは、医学の進歩を背景として、ＮＩＣＵ（新生児特定集中治療室）等に長期入院した後、引き続き人工呼吸器や胃ろう等を使用し、たんの吸引や経管栄養などの医療的ケアが日常的に必要な児童のこと（厚生労働省）。

5章

それでも消えない「子供を産まない選択」への不安・ゆらぎ・憤り

産む気もないのに生理かよ！

最近、生理が終わるたびに一気に老けていく気がする。

もともとは生理痛が重かったりPMSもあったりして、もろもろの不具合をなんとかするために低用量ピルを長いこと飲んでいたのだけれど、しばらくやめてしまっていた。

やめた理由は、シンプルにちゃんと飲むのがめんどくさいから（本当にキッカリ毎日同じ時間に飲まないと、不正出血が地味に少量出続けるはめになって、それはそれでめんどくさい）なのと、低用量ピルによってしばらく生理のつらさを忘れてしまっていたために「これ、ピル飲まなくてもいけるのでは？　生理ってそんなに大変だったっけ？　いけるいける！」と勘違いしてしまったためである。

「本当に大切なものは失ってから気づく」とはよく言ったもので、そこにあるあいだはありがたみを忘れてしまうものだ。

ピルを飲むのをやめて数ヶ月経つと、忘れていたあの「ホルモンにすべてが支配されて、自我が暴れ馬のごとく好き放題やりはじめる」感じが戻ってきて、めんどくさいけどどこか懐かしくて、かといって全然嬉しくはない。

たとえるなら、合わないから別れたはずの彼氏と一時の気の迷いでヨリを戻すことになり、しかし相手は全く変わっておらず「ああ、こいつのここが嫌いだったんだよな……」と思い出して復縁を後悔する、みたいな気持ち。


女はホルモンバランスからは逃れられないのだ。

無くなったら無くなったで困るし、上手く付き合う必要があるのだけれど、思春期以降ホルモンバランスが均衡を保てていた日数なんて、果たしてどれくらいあっただろう。少なくとも人生の半分以上はこの「ホルモン暴れ馬」に翻弄《ほんろう》されている気がする。

ピルを飲まなくなり、晴れて（晴れてはない）カムバックしてからの生理は、今まで止められていた恨みでもあるのか？　ってな暴れ具合で、これまでの生理にはなかった厄介な諸症状が表れはじめた。貧血や頭痛・腹痛はかつてよりも程度が増し、新たに肌荒れまでするようになった。

特につらかったのは、生理の時期になると必ず唇《くちびる》の周りにぶわ～っと出るようになってしまった発疹である。めちゃくちゃヒリヒリして、痛いし痒《かゆ》い。

一時は口唇《こうしん》ヘルペスかと思って皮膚科にかかったけれど、もらった薬を塗っても、何ヶ月ものあいだずっと1ヶ月おきに発疹が出続けた。

皮膚科の先生曰《いわ》く「こりゃヘルペスじゃない。たぶん生理周期と連動してますね。ホルモンバランスかもね」ということで、ホルモンまたお前か！　とどつき回したくなった。とはいっても、実際にはどつけないので怒りのやり場がない。

他にも、今まで出たことがなかった顔の位置に吹き出物が出たり、貧血が重くなったり、それに伴い風邪をひきやすくなったりと、本当に散々な調子である。

特に悲しいのは肌――。

これまで肌はわりと強くていつも調子がいいタイプだったので、肌ツヤは自分の体の中で自信を持てる数少ない部分だったのだけれど、最近は毎月生理のたびに唇が荒れ、頬が荒れ、終わったらそれらの跡が微妙に残って蓄積される感じがあり、生理のたびに余計なシミくすみを作って老けさせやがって！　と怒りが止まらない。

私の肌を返せ！


これで、近い将来子供を産みたいと思っているなら、毎月ちゃんと生理が来るということは婦人科系器官が機能しているということで、千歩譲って安心材料にもなる。しかし、私は今のところ子供を産む予定はない。今後も、たぶんこのまま行くであろう。


なので、私にとって生理はただの罰ゲームでしかないのだ。頭痛や腹痛や気分の落ち込みや肌荒れや、その他もろもろに耐え続けても、なんの見返りも得られない。

子供を望まない女性にとっての生理は、出荷するものがないのに工場を稼働しなければならず、光熱費と人件費と賃料を毎月支払っているようなものである。

誰のためにもならない無駄なエネルギーを毎月消費して、コストを支払い、年々摩《ま》耗《もう》して軋《きし》んでいくベルトコンベアの音だけを聞かされているような気分。

しかし、誰もこの工場を止められない。

そもそも、女性の体に脂肪がつきやすく痩せにくいのは女性ホルモンのせいで、子供を胎内で育てる機能のためだ。

私は子供を望んでいないので、どうか痩せやすい体質にしてくれないだろうか。何をどう頑張っても落ちない太ももや尻の脂肪を見るたびに、心底女に生まれたことを恨む。夫の、筋肉質で何を食べても太りにくい軽やかな体が本当に羨ましい。女に生まれたばっかりに、あっちでもこっちでも損している。

生理を引き起こすためのエネルギーを、何か他の部分に使えないものだろうか？たとえば脳とか。代謝とか。

昔の人は生涯で子供を7～8人産んだので、ずっと妊娠と出産と授乳を繰り返していたため、生涯の月経回数は約50回と、ほとんど生理は来なかったらしい。一方、現代女性の生理の回数は、生涯で約450回とかなり増えており、その分生理に関連するトラブルや疾患も増えているのだという。

子供を毎年のように産み続けるというのもめちゃくちゃ体に負担があるだろうし、昔の人を羨ましいとは全く思わないけれど、子供を産もうが産むまいが、どうしようもなく女の体は「産むため」の機能が最優先として存在し、私たちの気持ちとか生きやすさとかを考えて設計されているわけではないのだな、と思うと改めて哀しい。

このあいだ、旅行先で白いワンピースを着ているときに、ルナルナが言うよりも早く生理が来てしまい、ワンピースに血が染みているのに気づいたことがあった。おしゃれなカフェのおしゃれなテーブルに座り、さあケーキを食べよう！　というときだった。

〝確実に漏れている〟あの感覚が来たときの、あの絶望感——。まだ食べていないケーキを放っぽり出してトイレに駆《か》け込み、新しい白いワンピースの血染みをゴシゴシ洗って落としているとき、「本当に女ってつまらない生き物だな」と思われて、泣けてきた。

こんなの罰ゲームだよな。

旅行も普通に楽しめないのだな、女という性別は。

もう人類が生まれて何万年も経つのに、人は火星に住めるか？　みたいな話まで進んでるのに、まだ私はカフェのトイレで生理の血染みを洗っている。

産む側の体なんか望んだわけじゃないのに。

こういうことを言うと「こんなフェムテックの製品があるよ！」「ミレーナを入れたらどう？」「やっぱりピルを飲み続けるべき」などと言ってくれる人がいるだろうし、私も実際いろんな手を試すべきで、取り急ぎピルを再開するのが先決なのは分かっている。

でも、そういういろいろな手段を試して工夫するのだって時間やお金はかかるわけで、ピルなんかには血栓症リスクもあったりしてけっこう大変なのだ。

コレを使えば万事解決！　みたいなものは今のところなく、みんなさまざまな頑張りや工夫のうえで、産む側の体を乗りこなしているのである。

本当に、女の体はいまだに不自由だ。

産む側の体はこんなに不自由と不具合だらけの乗り物だけれど、こちらの性に生まれてしまったからには死ぬまで乗りこなしていかなければならない。気に入らない機能がついていたって、簡単には取り外せないのだから仕方がない。仕方がないけど腹は立つし、我慢して然《しか》るべきとも思わない。

自分の体が産むためだけの体だと思ってたまるか。

もしも産むことを選んでいたとしても、産むためだけの体だとは思いたくない。生物学的にはそうかもしれないけれど、人間としてそこに抗《あらが》いたい。

そんなわけで、再びピルを規則正しく飲む生活をはじめた。

一度中断してみたことで、生理のヤバさを思い出すことができたのでよかったと思うしかない。肌荒れやPMSは収まったけれど、毎月の休薬期間には生理のような出血はあるし、相変わらず飲む時間をしっかり守れず、時たま不正出血を出している。

それでも毎日、「股から血なんて出てませんよ?」という顔で生きている。産む気もないのに毎月股から血が出る体で、どっこい今日も生きている。

本当に女はみんな、よくやっているな。

「女は楽でいい」なんて寝言だ。寝言は毎月下腹部から出血してから言ってほしい。

人類が火星に住むのと、女が生理に煩《わずら》わされなくて済むようになるのと、どっちが早いだろうか。

男女ともに毎月生理が来て苦しむ生き物だったら、もうとっくに後者は達成されていたんじゃないかと思うと、やはり悔しい。

「産んだほうがいいのかな」の波が押し寄せるとき

「子供を産んだほうがいいのかもしれない」という気持ちはときどき波のようにやってきて、そうなるともうそれ以外考えられなくなるものだ。

なんなら「それ以外考えるべきじゃない」と思わされるくらいの勢いを持っていて、自分でも持て余してしまう。

浜辺に立って海を見ていたと思ったら、ざざ〜と潮が満ちてきて気づいたら膝《ひざ》まで浸かっていた、というような緊迫感と、どうしよう、急いでなんとかしないと、という焦りが押し寄せる。

最近はかなり〝産まない寄り〟の考えになった私だが、そうやって「波」に呑《の》まれる瞬間はこれまでに何度もあった。

それはなんでもないときにやってきたりもするし、友人知人から立て続けに「子供を産むことにした」「第一子が産まれた」という報告をもらったときにもやってくる。「この人も〝なしの方向〟で行くのかな」と、勝手に〝ごっち側〟だと思い込んでいた人たちが何人も続けて「〝ありの方向〟へ移行する」という知らせを聞いた。

シンプルにすごい、かっこいい、どうか無事で、と祈るような思いと同時に、自分が何かものすごく重要なことを取りこぼしているんじゃないか、という気持ちの波が押し寄せる。

いつもの私だったら、「子供がいてもいなくても幸せにも不幸にもなりうるし、すごく楽しい毎日だし、何も足したり引いたりしなくていい」と心から思えるし、そこに強がりだとか卑屈《ひくつ》な気持ちは一切ない。

それなのに、「波」が押し寄せてきているときは、ほとんどパニックみたいな心持ちになってしまうのだ。

私が子供を産まない理由は、書いてきた通りたくさんある。

だけど、「子供を産んで育てる」ということには、そうやって言葉にして並べられないような、圧倒的な力を持つ〝何か〟があるのではないか、と思ってしまう自分もいる。

ここまで並べてきた産まない理由を全部蹴っ飛ばして壊して、その上に光輝いているたった一つを、大事に大事に置いてみるというのは、どういう気分なんだろう。

こんなふうに考えている時点で、私は子供を産み育てることをかなり神聖視しているのだと思う。実際はもっと泥臭く、睡眠不足や教育資金の心配、時間のなさ、吐瀉《としゃ》物《ぶつ》や排泄物の始末などなどに追われる日々が待っているらしい。

それでも、ときどき「そっちを選んだほうがいいのでは」と思わされる引力が働いて、圧倒されてしまう。

こういう切迫感は夫に話しても、100を理解してもらうのは難しい。しかも「私はやっぱり子供が欲しい」という訴えならまだしも、「私はどうしたらいいのかな」といった調子なので、夫だって困るだろう。

こういう悩みはいつまでも、どこまでいっても、どうしても産む側のものであって、産まない側には分からないことだ。分かってほしいのに、絶対に分かりっこない、分かられてたまるか、という矛盾した確信がある。

子供を持つかどうかはパートナーと二人で話し合って決めること。

しかし、「実際どうするか?」「体をたくさん傷つけて、苦しい思いや痛い思いをして妊娠と出産をやるのか?」というのは、最終的にはやはり産む側が決めるべきだ。だから私が決めないことにははじまらないし、私が決めたことを尊重してほしいし、私が決めるプロセスに余計な口を挟まないでほしい。

それなのに、なんで私が一人で悩んで決めないといけないんだろう、どうしてこの苦悩と決断のプロセスに、夫はかかわってくれないんだろうとも同時に思う。矛盾している。

裏面と表面を行ったり来たりして、3秒前に思ったことと矛盾することを繰り返して、ずっと同じところを回っている。

回り疲れて考えるのをやめて、しばらくすると「波」は引いていて、またいつもの私が戻ってくる。

主体的に子供を持つ選択をした人の話を聞くと、出産適齢期にこの「波」がやってきたあと、ほとんど引くことがないうちに妊娠・出産に至ったという人がたくさんいる。

「子供を産んで母親になること以外、考えてなかった」と。

そういう人からすると、私の悩んでいる内容は「そういう視点もあったのか」というくらい思いがけないものらしい。

産まない理由は「理屈」で、産む理由は「感情」だ。

「波」は「感情」を突き動かすもので、それによって産む選択をした人の前では「理屈」は力を失う。

私はもともと理屈っぽい性格なわけではないし、どちらかといえば感情に突き動かされて生きてきたクチである。

しかし、子供を産み育てることを真剣に考えれば考えるほど、自分と子供に降りかかるあらゆるリスクをなるべく回避するために、戦略的にならざるを得なくなってくる。

お金は？

仕事は？

教育は？

住む場所は？

自分のやりたいことをなるべく削らず、夫とも引き続き仲良くやりながら、人間を一人養育するなんて、一体何をどうしたら上手くいくというのだ。

この複雑すぎるパズルは、本当に今の幸せをリセットしてまで挑戦するべきなのか？

「産んだらなんとかなる」というのは、なんて無責任な言葉なんだろう。

こうして、「感情」の波は「理屈」の防波堤に打ち消される。

理屈で考えていたら子供は産めないのだろうが、感情に動かされるまま勢いで妊娠・出産に踏み切り、何かあったときに言われるのは「ちゃんと考えていなかったお前の自己責任」という言葉である。

妊娠・出産へ導くのは「産みたい」という感情なのに、理論武装してあらゆるリスクに備えないと子供を育てられないという、大いなる矛盾がある。

極めつけに、産みたい感情の波を決定的に消し去る力を持っているのは、戦争と気候変動だ。

特に戦争にまつわるニュースは「産みたいかもしれない」という気持ちを帳消しにする。自分の子供が戦争に参加したり、酷い目に遭ったりすることを想像するだけで、産んでないのに胸が潰《つぶ》れる思いがする。

２０２４年時点の政権は改憲して軍備を増強するための動きをしていて、明らかに危うい方向へ向かっている。そんな状況で、子供などという大切で脆いものを持とうとは到底思えない。この国は子供を増やしたいように見えて、逆に滅ぼしにかかっているのではないかとさえ感じる。


そんなふうに繰り返し「感情」と「理屈」のあいだを行き来して考えるうちに、最近はあまり波が来なくなってきた。子供を持たない理由はあまりに多く、国の方針や社会の構造など、自分の力ですぐにどうこうできないものも多い。

けれど、もっと歳をとって最後のリミットがやってくる頃、本当に私は今と同じ気持ちでいられるのだろうか。

歳をとってから子供が欲しくなったとしたら、年齢的に妊娠しづらく、運よく授かったとしても高齢出産になるため、流産やさまざまなリスクを抱えなければならなくなる。

そのとき私は、今の私がこんな文章を書いていることを後悔しないのだろうか。

夫がある日突然、どうしても子供が欲しい気持ちに駆られる可能性だって、ないわけではないだろう。

自分が取り返しのつかない選択をしているのではないか？　という不安は消えない。

子供を産んだ女友達は、その選択を後悔する瞬間はあるんだろうか。

言わないだけで、あるのかもしれない。

それが「後悔」の形をしているかは分からないけれど、「こうじゃなかった人生」を思う日だって、きっとあるだろう。

後悔しない人生は、それはそれで味気ない気もするし、そもそもそんな人生はないのかもしれない。結婚も出産も、何を選んでも、みんな少しずつ寂しいのだとしたら、私たちは少しずつ似ている傷を持つ仲間だとも言える。

そんなふうに考えたら、とりあえずは少しだけ大丈夫なように思えた。

「子供を産まない理由」を列挙してみたら40個あった

ふと、「私って、どうして子供が欲しくないんだろう」と思い、Googleスプレッドシートに「子供を産まない理由」を列挙してみたら、40個あった。

いつも、なぜ子供を産まないのかを人に聞かれたときには、「いろいろ理由はあるんですが、〝なしの方向〟で楽しくやっていけそうなので」といったふうにざっくり説明していたんだけれど、「いろいろ」の内訳が40個もあるとは——。そりゃあ一口に説明しにくいはずである。

理由のほとんどすべてはこの本の中で語られている内容で、「出産そのものに対する疑問・不安」「子育てというタスクへの不安」「母になることによるアイデンティティ喪失の不安」「子供を育てるうえでの社会への不安」「子供を持たないことで叶えたい生活」の5種類に分類できた。

スプレッドシートを眺めていると、もうどの角度から見ても産みたいと思えないじゃん……と、改めて気が遠くなる。

逆に、産んでいる人ってどうして産もうと思えるんだろう。これらの産まない理由をすべて解決できているから産んでいるのか？　といえば、たぶん違うのではないか。子供を育てている女友達何人かに「どうして産もうと思ったの？」と聞いた結果、共通していたのは「ツキちゃんが挙げているような『産まない理由』も全然分かるけど、そういうのと自分が『子供が欲しい』と思う気持ちは、つなげて考えてない」というものだった。

これが私にとっては衝撃的だった。

つなげて考えてない。

つなげて考えないということが可能なのか。

聞けば、「さまざまなネガティブ要素よりも、自分の子供に会いたい、母になりたい気持ちが勝った」結果であり、要は「なんとかなるほうに賭けた」ということだ。

さまざまな産まない理由を並べてみて、「やっぱり産むのはやめよう」となる私と、

「そうは言っても子供を産みたい」となる人の違いは、一体どこにあるのだろう。

リスクよりも自分の気持ちを優先して動き、新しい人間をこの世界に生み出すという行為は、なんと輝かしいエゴだろう。「自分の子供に会いたい」という気持ちの、引力の強さに圧倒されて、眩《まぶ》しい。

彼女たちは、世界と自分と子供を信じているから、賭けに出られるのだろうか。

それとも、世界も自分も子供も信じられないまま、問題が解決しないまま、グレーゾーンのままで、それでも飛び込む勇気があるのか。

はたまた、そんな悩みをそもそも抱えないくらい、楽観的に生きられるのか。

子供を産んでも引き続き私と仲良くしてくれる女友達は、みんな「ツキちゃんは子供を産むことについて、すごくよく考えていて偉《えら》い」と言ってくれる。「私はそんなに深く考えずに産んじゃったから、ある種、無責任だと思う」とも。

彼女たちが自分の選択を後悔しているようには見えないし、私に対して謙遜《けんそん》してくれている面も少なからずあると思う。

でも、本当は深く考えずに産んじゃっても普通に幸せに暮らせる世界のほうが正しいのに、深く考えずに産んじゃうことに「無責任」のレッテルが貼られるのは、一体

出産そのものに対する疑問・不安

・そもそも他人の人生を勝手にはじめていいのか？　と思ってしまう
・つわり・出産自体が身体的につらそう
・一度踏み切ったら引き返せない不可逆性が怖い
・産む側には必ず心身の負荷が伴うのに、産むことを推奨されるのが疑問
・女性ホルモンの変化に振り回されるのが怖い

子育てというタスクへの不安

・ただでさえ自分のことで精一杯なのに子供を育てられる気がしない
・体力・気力ともに育児に耐えられる自信がない
・教育資金と自分たちの老後までお金が足りるか不安
・早期教育や受験など近年の教育事情が分からなさすぎる
・夫と私に親としての適性があるか分からない
・子供は好きだけど「子供好き」と「親になりたい」は違う
・自分が「毒親」にならない保証がない
・子供がお金のかかる習い事や進路を希望したとき、生活を切り詰めてでも応援する覚悟がない
・失いたくないものを「夫」以外に増やすのが怖い
・親と子育て関連でいざこざが起きそう
・親が子育てで苦労していたので希望が持てない
・自分や夫が子供を残して死んだらと思うとつらい
・子育てについて他人にあれこれ言われるのがめんどくさい
・ママ友付き合いを上手くやる自信がない

母になることによるアイデンティティ喪失の不安

・大人になってやっと自由を手に入れたのにこれから子供に縛られると思うと気が引ける
・仕事や趣味をセーブしなければいけないのが嫌
・体も心も変わってしまうと思うと、知ってる自分がいなくなるみたいで不安
・「ママ〇〇」「〇〇ちゃんママ」の枠にはめられるのが嫌
・思い立って旅行！思い立って転職！思い立って引越し！ができなくなる
・一生「母」から降りられない

子供を育てるうえでの社会への不安

・子供に障がいや病気があっても守ってくれる社会ではない
・子供がいじめの被害者や犯罪に巻き込まれたらと思うとつらい
・子供がいじめの加害者や犯罪者になったらと思うとつらい
・女の子だったら、自分が女性として経験してきたようなつらさを味わってほしくない
・男の子だったら、有害な男らしさを植え付けずに育てられるのか不安
・社会が子育てにはハードモードすぎる
・気候変動や戦争など子供が生きていく世界の先行きが暗い
・性教育・ネットリテラシー教育・お金の教育など、子供を詐欺や犯罪から守るために教えるべきことが多すぎる

子供を産まないことで叶えたい生活

・夫との二人暮らしが楽しすぎる
・二人で上手くいっている夫との関係性を保ちやすい
・「家庭の総監督」にならなくて済む
・子供を産んでいなくても「社会としての子育て」には参加できる
・「子供がいない自由人の叔母」でいたい
・「子供がいないけど楽しそうに生きてる人」のサンプルになりたい
・ママになった女友達の「ママ友じゃない友達」でい続けたい

どういうことだろう。

以前出演した少子化に関するTV番組で、「子育てに関するネガティブな話題のほうがSNSなどでは拡散されやすい。子供を持つことで得られるいいこともたくさんある。そちらをもっと大きな声で言っていったほうがいい」と話す人がいた。

たしかに、SNS（特にX）を開けば、子供を産み育てることがいかにつらく苦しいのかという情報ばかり目につく。中には「外出中に何者かから抱っこ紐のバックルを外されて、子供を地面に落とすところだった」といった声もあり、明らかに悪意を持って子供と女性に加害しようとする者が残念ながら世間には存在していると分かる。

他にも、SNSでは家庭や職場などさまざまな場所で起こる子育ての苦悩が、具体的かつ熱量を持ってレポートされている。子供を産んだら全員が街でベビーカーを蹴《け》られ、夫は育児に非協力的で、義父母とのあいだに軋轢《あつれき》が生じ、職場ではマミートラックに陥って肩身の狭い思いをするようになるのか？　と思わされる勢いである。

これはもうSNSというものの特性で、ネガティブなことのほうが拡散されやすいようにできているのだから仕方がない。

人は、本当に嬉しいことや幸せなことはSNSには書かないものである。「SNSは愚痴の捌《は》け口にしているけれど、実際は全然幸せ」という人や、そもそもSNSをやっていない人もたくさんいる。

しかし、「子供を持つことで得られるいいこと」を積極的に喧伝《けんでん》していくことは、果たして本当に効果があるのか？　というと、少し疑問だ。

SNSに吐き出されている「子育てに関するネガティブなこと」は、何もSNSができたから発生したわけではなく、以前からあった声が可視化されるようになっただけなのではないか。

子供を産み育てにくい・女性や子供やマイノリティに冷たい社会であることはずっと変わらず、問題とみなされてこなかったり、声を上げにくかったりしたものが、SNSによって噴出しているのにすぎない。

「子育てってていいものですよ」と触れ回ったところで、実情が変わらなければ産んでから苦労する親が増えるだけである。それが「無責任」と糾弾されてしまうのが今の社会の空気で、やっぱり風当たりは強い。

ところで、子育て支援や少子化対策でなんとなく私たちが「お手本」と思っている北欧の国でも、なんと少子化が進んでいるらしい。フィンランドの合計特殊出生率は、2023年の速報統計で1・26。日本の2022年と同じ数値である。

ジェンダー平等が世界的に見ても進んでいて、男性の家事育児参加率が高く、子育て支援政策が充実している国でも、子供を産もうと思う人は減っている。

これに対して、「ジェンダー平等とか子育て支援とか意味ないじゃん」と言ってしまうのは乱暴だし、これらには絶対に力を入れるべきだ。

しかし、この結果を見て私は次のように考えた。

「ジェンダー平等が進むほど、女性が子供を産まない選択も尊重されるようになり、やっぱり少子化になるのではないか?」

どんなに医療が発達しても、妊娠・出産に伴う体の変化や苦痛を全く経験せずに子供を誕生させることは、今のところ不可能だ。どうしたって人間の女性の胎内で新しい人間を育てて、外に出す必要がある。

その一連の流れは、普段保証されている体や心の自由を制限する要素を含んでいる。

「妊娠・出産は人間の尊厳が失われるようなことの連続だ」

と子供を産んだ女友達が言っていた。

子供を産むという行為は、どうしても女の人権を制限し、女の生命を危険に晒《さら》すことから逃れられないのだ。

この点に疑問を抱き、立ち止まるということは、高い人権意識やジェンダー平等意識の表れとも言えるのではないか。

そう考えると、少子化は本当に悪いことなのか？　と疑問に思えてくる。

子供を産み育てている人たちが無責任だとか、人権やジェンダー平等への意識が低いとか思っているわけでは決してない。子供が少なくなれば、将来の生産人口が減って社会を維持できなくなり、困るのは老後の自分たちでもあるということも分かっている。

しかし、私の「子供を産まない理由」がなかったことにされて、女に生まれたのだから子供を産まなければならないのだ、と妊娠・出産を押し付けられる社会と、少子化によってさまざまなインフラが維持できなくなる社会と、どちらかしか選べないと言われたら、正直後者を選びたい。

それが利己的かと言われたらそうなのかもしれないが、そもそも、集団を維持するために自己を犠牲にすることと人権は、相性が悪い。

本当に、少子化は解決すべき課題なのか。

社会学者の赤川学（著）『子どもが減って何が悪いか！』（ちくま新書）では、本来それ自体に価値があるはずの「男女共同参画施策」を、少子化対策の「手段」として用いることの危うさについて論じられている。ジェンダー平等は少子化になろうがなるまいが達成されるべきであり、子供が増えないことを前提とし、産む選択にも産まない選択にも中立な社会制度設計（＝負担の分配）をするべきではないか、と。

「子どもの数は、減ってもかまわない。そのかわり、ライフスタイルの多様性が真の意味で確保される「選択の自由」と「負担の分配」に基づいた制度が設計されていれば、それでよいのだ。GDPで測られるような経済成長や豊かさが仮に減少したとしても、画一的なライフスタイルをほとんど強要され、不公平な制度を続けるよりは、少子化がもたらす負担を共有しながら、誰もが自ら望む生と性を謳歌できる社会のほうが、はるかにましだ。」

女の人権を損なわずに妊娠・出産や子育てができる世の中を作ることと、少ない人口でも社会を維持できるような技術を生み出すことと、どちらが実現可能なのだろう。産まない理由が並んだスプレッドシートは、これから行が増えるのか、減っていくのか――。たぶん増えていくんだろうなという気がしてならない。

「産まない女」は「進化しないポケモン」だと思っていた

ずっと、子供を産むことが「選択すること」で、子供を産まないことは「選択しないこと」だと思っていた。「Aという事柄をやるかやらないか選ぶ」という性質のものだと。

しかし、いざ自分が結婚して出産適齢期になってみて、「子供を産まないこと」は「子供を産まないという選択をし続けること」なのだと気づいた。

「Aを選ぶかどうか決める」のではなく、「AかBを選択する」というものなのだ。前者と後者は同じようでいて、はっきりと違う。

しかもBを一度選んだらおしまいなのではなく、絶えず自らの意思のもとでBを選び取る日々の連続なのである。

世の中では、残念ながらまだまだ「子供を産まない夫婦」は「本来やるべきことをしていない人たち」とみなされることが多い。「Aをやるべきなのに、何もやっていない」と。

しかし本当は、「Bを選んでBをやっている」のだ。

子供を持たない夫婦の「Bという選択の連続」は、ある種の欠落とみなされ、透明化される。産むことも産まないことも、どちらも悩んだ末に下した、等しい価値の「選択」なのに――。

私は30代前半の既婚者であるが、今のところBを選び続けているものの、Aを手に取りたくなることが今後絶対にないかと言われれば、１００％の保証はできない。ほとんどB、グレー寄りの白、的な。

「本当はピカチュウになれるのに、ずっとピチューでいる気分」

子供を産まないで生きていくことについて、こう夫に話したことがある。

周りの女友達は進化して違う生き物になっていく（ように見える）のに、自分にも進化（果たして妊娠・出産を進化と呼ぶのが正しいのかは置いておいて）できるポテンシャルはあるのに、あえてずっとピチューでいて、このまま老いて死ぬというのは、本当にいいのか？

　こういう問いは不意に訪れる。

　それは歯を磨いているときだったり、バレエ教室でストレッチしているときだったり、布団に入って寝つくまでのあいだだったり……。

「お前は本当に産まなくていいのか？」という顔馴染みの問いがやってきて、蹴りをつけたはずの問題をまた蒸し返し、無責任に去っていく。

　そのたびに考えて、考えた末にやっぱりBを選びなおす。その繰り返しでだんだん疲弊してくるけれど、それでも問いは再び、不意に訪れる。

　Bを選び取り続けることに疲れてくる一方で、「絶対に子供が欲しい」と強く思うことも決してできない。

　私とこの社会には、産まない理由が多すぎる。

　私はどうして子供を産まないことを「進化しないこと」のように思うのだろう。

　やはり子供を産むということは「次のステージに行くこと」だと心のどこかで思っているからなのだろうか。

実際に、子供を産んで親になった女友達たちは、ものごとの優先順位や考え方が大きく変わってしまったように見えるし、表情や言葉遣いなんかも子供を産む前とは違ってきて、もう私の知っている彼女とは別の、「母」という生き物になってしまったのだなあと感じることが、正直ある。進化と呼ぶかは別として、それは明らかな「変化」だ。

彼女たちには、もちろん母になる前とはなんら変わらない部分もあるし、母になったからといってその人の魂の形まで「母ナイズ」されるというわけではないだろうし、そういう変わらない部分を友達として覚えておいて、彼女たちが「母」に押しつぶされそうになってしまったときに差し出してあげたいという気持ちもある。

しかし「産む前」と「産んだあと」では、やはり明確に変わるものがあって、その変化は不可逆だ。

そして「母になる」という変化は概《おおむ》ね人間的成長と位置づけられることが多く、それをしない人はすなわち人間的に成長していない人、ということになる。

本当は、親になることで責任感を持たざるを得なくなり、その状況が人を成長させるということであって、親になっても責任感を持たない人間ももちろんおり、人間的に成長しない場合もある。

それなのに「子供を持ったら自動的に一人前に成長した人間になる」とみなされるという、逆転現象が起こっている。

そして言うまでもないことだが、人を責任感のある大人に成長させる機会は、子育て経験以外にもたくさんある。

そんなことは頭では十分分かっていることなのに、私は産まない選択をしている自分について「親をやっている人よりも何かが劣っているのではないか」と考えることをやめられないし、子供を持つ人たちがたくさんいる中に放り込まれると、自分が未熟な存在のように思えてしまうのだ。

自分はやるべきことをやっていない未熟な存在で、子供の養育という義務を果たさずに暮らしている自分勝手な人間なのではないか。

授かれないから仕方なく……ではなく、自分で選んでそうしているのは、悪いことなのではないか、と。

「産まない選択の連続」は、浮かんでくる罪悪感を打ち消すことの連続でもある。

私が電車や飲食店で出会う、見知らぬ子供に最大限優しくするよう心がけているのは、罪滅ぼしの意識からなのだろうか。

ちゃんちゃらおかしな話だけれど、子供連れの人を街で見かけて思うのは、「大変そうだなあ」と「私は（子育てを）やってなくて悪いなあ」である。誰も私から申し訳なく思われる筋合いはないのだけれど、なんだか自分がやらずに避けている宿題を、他の人が代わりにやっているように見えるのだ。

子供連れの人を見て羨ましく思うか、私のようになんだか申し訳なくなるか。はたまた、何らかの苦々しい気持ちを抱くのか。

同じ子供がいない人同士でも、ここでどう感じるかで価値観の違いが分かるように思う。

そしてそれは、「子供とかかわることが好きか嫌いか」ともまた別である。「子供が好き」と「親になりたい」は全く異なる話だ。この辺りが非常に厄介で、「子供を持たない＝子供嫌い」とみなされるのもまためんどくさい。

さらに、女で子供が嫌いだと冷たい人間だと思われがちなので、既婚で選択的に子供を持たない私は冷たい人間だとされてしまいやすい。

いや、本当は自分が一番そういう価値観を内面化していて、「結婚しているのに子供を持たない私は、世間から冷たい人間だと思われているんだ」と勝手に思っているのかもしれないが。

とはいえ、「結婚して二人の子供を育てる女性」と、「結婚して子供を持たずに生きている女性」というテキストを見て、双方にどのようなイメージを持つか。それが社会のステレオタイプであり、自分にステレオタイプ的な目を向けているのは他ならぬ自分自身なのだ。

「世間の目」というのはつくづく「自分が自分を見る目」だなと思えてならない。「みんなにこう思われるだろうなあ」というのは、自分が自分に対して思っていることの、そのまま合わせ鏡だ。

私を「進化しないポケモン」だと思っているのは、他でもない私なのである。

「子供を持たない選択」を選び続けるのが疲れるのはなぜか。

それは私が「本来なら子供を持つ選択が望ましい」と思っていて、それをやらない自分を承認できていないからだ。

「子供を持たない人は何かが欠落している」という、最も否定しているはずの価値観を内面化していて、頑固な鍋底のコゲのようにこびりついて取れないからなのである。

私はこのまま子供を持たずに生きていく自分を、いつか承認できるようになるのだろうか。

「欲しかったけれど授かれなかった」とは違う、自分で望んで選んだことなのだけれど。

この選択を「進化」とか「退化」といった尺度で考えなくなる日は来るのか。

そもそも、「進化」や「成長」なんてしなくてもいいと思えるようになるのか。

自分の気持ちの置きどころも、これからどのように心が変化していくのかも、どう思えるようになりたいのかも、今はすべてが宙ぶらりんのまま、ただ毎日を生きるのみである。

「素敵なあの人も母親だった」ショック

たとえば「この人いいなあ、素敵だなあ」と思った女性の作家であるとか、雑誌に載っていたかっこいいビジネスウーマンであるとか、インスタで見つけた大変好みな感じのライフスタイルを発信しているグレイヘアのマダムであるとか、「この人のようになりたい！」と思った人にお子さんがいると知ったとき、心の距離が静かにビューンと遠ざかるのが分かる。

「私」と「この人」には決定的に違う何かがある。

あ～そうか、そうなのですね。あなたは「そっち」側だったのですね。

なんか絶対違うんだろうな、生きてきた道のりとか。

やっぱり「こっち」側の選択は、人間的にあまりいいとは言えないのかもな。

「こっち」側にいる限り、この人が見ているような景色を私が見ることはない。

普段は「子供を持たない選択」は何ら悪いことではない！　という気持ちでいるのに、ひとたび「『素敵なあの人も母親だった』ショック」に見舞われると、びっくりするくらい卑屈な自分が顔を出してくる。

そして「著名　おしどり夫婦　子なし」で検索して、「俺たちには山口智子と唐沢寿明がいる。庵野秀明と安野モヨコもいる。全然大丈夫だ」と一人で安心するまでが一連の流れである。

勝手に「こっち」側の安心材料にさせられて、二組のご夫婦はさぞ迷惑だろう。

どうして私は「子供がいる女性」にまっすぐ憧れることができないのか。

社会で目立った活躍をしている女性が、「自分も母であり、子供を育てる中で苦労をしている」という話を打ち明けることは、世の中の女性に自信を与え、「女性活躍」を促進する「いいこと」だという空気がある。

実際そういう面は多分にあるし、目立つ立場の人が声を上げることで、世の中が子育てしやすい方向に動くことだってある。それはどう考えても「いいこと」だ。

しかし、そういう話を聞いたときに、「この人のほうが私よりいろいろと大変だろうに、私は子供を育ててもいないのに全然活躍も何もしてなくて、まじで何やってんだろ」と勝手に落ち込む自分がいるのも確かである。

これは「子供を育てながら社会で活躍している女性」が悪いのではなく、私が「子供を育てながら社会で活躍している女性」ではないことに引け目を感じる気持ちはどこから湧いてくるのか、という問題だ。

単純に「子供を産んでいる人のほうが、産んでない自分よりも偉い」と思っているかというとそうでもない。産んだはいいが無責任な親だって一定数いるし、産んだら自動的に偉い人間になるわけではない。

ただ、私は「子供を産んだ人にしか分からない感情や、見えない景色」というものがきっとあると心のどこかで信じているのだと思う。

「『そっち』側の人たちにしか共有できない秘密めいたものがあるのでしょう?」と、「そっち」側と「こっち」側を隔てる壁を眺めているのだ。

そして「子供を産んだ人にしか分からない感情や、見えない景色」は、人間的成熟や、なんかしらのクリエイティビティや、人生の〝真の意味での充実〟（果たしてそんなものが本当にあるのかは分からないが）につながるもので、私にはそれがないと思っている。

本当はそんなわけないのに、世の中に溢《あふ》れる「子供を身籠《ご》もってから彼女はハッピーオーラが増した」とか、「母になって変化した作家性」とか、「母として妻として、そして一人の○○としてさらなる飛躍」とかなんとか、そういう「母属性」が加わることへの過剰な期待をあちこちで目にしてきたことが影響して、その属性を持たない自分に引け目を感じているのではないか。

「母性信仰ってほんとキモい」と日頃思っている私も、しっかり母性信仰めいた考えを持っているのだなあと気づき、恥ずかしくなる。

もう一つ「子供がいる女性」と自分との隔《へだ》たりを感じる点といえば、「この世界に対して持っている希望の量の違い」である。

私が子供を持とうと思えない理由は書いてきた通りさまざまあるが、結局は「どうしても最後のところでこの世界を信じ切れていない」ということに尽きるような気がする。

自分はなんとかこの世界で楽しくやっていけるように頑張るつもりでいるし、現に頑張ってみているのだが、ここに〝新人〟を勧誘しようとは、正直あまり思えない。

内心ではいつか転職しようと決めている社員が、もはや会社を信用していないのと少し似ている。

一方で子供がいる人は、新人を引き入れてきてなんとかこの場に馴染ませようと、日夜頑張っている。それができるのは、やっぱりこの世界の善良さをどこかで信じているからだ。

なにも、子供のいない人は世界に絶望し、子供のいる人は世界に希望を見出しているという、単純な0か100かの話ではない。

子供がいる人だって、この世界の先行きが完全に明るくて、もっとよくなるとまっすぐ信じて子供を産んだわけではないだろうし、子供がいない私だって、「世界は素晴らしいな」と心から思えてなんだか涙が出るような日も、たしかにある。

酸性とアルカリ性の水溶液を少しずつ混ぜる中和の実験で、一方にもう一方を一滴ずつ加えていくと、一滴の差で酸性が中性寄りになったり、中性がアルカリ性寄りになったりして溶液の色が変わったのを思い出す。

最後にもう一滴の希望を持っているか、持っていないかの差で、全く違う選択をするのが人間というものなのだろう。

そして、たとえ一滴の差であっても、自分より多く希望を持っている人は、少し眩しい。

どうしたって私は私の人生だけを見ているけれど、子供がいる人は自分が死んだそのあとの、さらに先の未来も同時に見ているのだ。

一滴の差は、子供を持つという選択をしたことでさらに大きく広がっていくように思う。


だからといって、私も「そっち」側になるために子供を産みたいとシンプルに思える人間だったら、こんな本は書いていない。

自分の人間的成熟とか、人生の充実とか、世界に希望を見出すためとか、そういう自分の気持ちの都合のために他人を世に生み出すということは、どうしても納得できないのだ。

そういう理由で子供を持つことにした人を責めたいのではなくて、ただ自分は、それができない。

どうしても「こっち」側と「そっち」側には壁があり、違いがあるといまだに思ってしまう。差はわずかしかない紙一重の違いだとは思うのだけれど、「そっち」側の人をまっすぐ「憧れの人」のポジションには置けないくらいには、自分の中で違いを見出している。

この引け目はいつか消えるのだろうか？

いつか、尊敬している子なしの先輩の妊娠報告に勝手にショックを受けたり、子供がいるのに精力的に活動している同業者に勝手にコンプレックスを感じたり、子育てがひと段落して人生を楽しんでいる人に、自分にはない貫禄を感じて勝手に遠慮したりすることが、なくなることはあるのだろうか？

残念ながら、今のところ全くそんな気配はない。なんなら60代になっても「孫がいる人と私とのあいだには明確な隔たりがある」とかなんとか言って、一人で勝手に考え込んでいるような気がする。もうそういう性分に生まれてしまったのだからしょうがない。

「人は子供を持たなくても人間的に成熟でき、人生を〝真の意味で充実〟(果たしてそんなものが本当にあるのかは分からないが）させることが可能で、世界に希望を見出せる」ということを、自分で心から信じられるようになるために、日々を真っ当に生きていくしかないのだ。

「こっち」側にいようと「そっち」側にいようと、自分の人生に納得感を見出せるかどうかに、子供の有無は関係ない。自分の生き様次第なのだと信じたい。

こんなふうに肩肘《かたひじ》張って「自分の人生」についてばかり考えてしまうことこそが、まさに「子供のいない人」っぽいなあと書いていて思うわけだが、なんだかんだ言ってそんな自分がけっこう嫌いじゃなかったりもする。

「子育て世代を尊重」の陰で

ふたたび、子育て中の同僚とやっているポッドキャスト『となりの芝生はソーブルー』に寄せられた相談の話を。

看護師をしているアラサー子なしのリスナーから、こんなお便りが届いた。

「看護師は女性が多い職場で、資格があるので子供を産んでからも復帰しやすく、自分の職場は子育て中の看護師も積極的に雇っている。

しかし、子供がいる同僚は子供都合の当日欠席をすることが多く、その穴をフォローするのはいつも私。

自分にも子供がいたり、いつか産むつもりがあるなら『お互い様』で我慢できるが、子供を産むつもりはない。子供がいる同僚のフォローをしても給料が上がるわけではなく、自分ばかり損をしていると内心腹立たしく思ってしまう。

子育て世代を優遇するのはいいことだけれど、それを支える人がいることを忘れられている気がする」

これを読んだとき、すごく分かると同時に、不適切ながら少し嬉しくなってしまった。この嬉しさというのは、日本人が一人もいない外国のホテルで肩身の狭い思いをしているところに、同じように一人旅をしている日本人女性客を見つけたときのような気持ちだ。

私と同じ思いをしている人がいる、という安堵《あんど》感。

最初にはっきりさせておきたいのは、このリスナーの職場にいる子育て中の同僚たちは何も悪くない、ということだ。

子供は突発的に熱を出したりトラブルを起こしたりするもので、それに対応するのは親の責任であり、そしてそういった突発的なトラブルに仕事を休んで対応をするのは、まだまだ母親の側である。女性の多い職種である看護師に「子供都合の当日欠席」

が多発するのは必然だ。それを「子持ち様」などといって批判するのはおかしい。

そもそも職業に看護師を選ぶ理由として、「資格があるから結婚して子供を産んでも続けやすい」という要素は多分にあるだろうし、女子は小さい頃から「女の子は手に職をつけろ」と言われがちで、なんとなく看護師とか保育士とかそういう「資格×ケア」の職業に就くことを推奨される雰囲気がある。

私も母親から「看護師になれ」とか「歯科衛生士になれ」とか言われて、「全くそういったものに興味を示したことがないのに、なんでいきなり具体的な職種名を出して勧めてくるんだろう」と疑問に思っていた。

「資格×ケア」の職種は「子供を育てながら続けやすい仕事」だと思って、娘にもそうなってほしかったのだろう。

しかし「子供を育てながら続けやすい仕事」であるためには、当然ながら誰かが抜けた分をカバーしたり、誰かが抜けても回るような仕組みを整えたりする必要がある。

患者さんを相手にする病院の仕事は「今日は看護師が一人いないので、この仕事はまた明日」とはいかないことも多いだろうから、必然的にその日にいる他の誰かが余計に仕事をすることになる。

誰かにとっての「子供を育てながら続けやすい仕事」のために、自分がずっと調整弁のように働かなくてはならないのはつらいだろう。

もっと言えば「女の子は手に職」を推奨するのだって、家庭の都合で仕事を辞めたり、休んだり、また働いたりといった調整弁的な役割を求めるからだ。

家庭でも、社会でも、調整弁の役をさせられるのは、いつも女なのである。

男性は、将来子供が産まれても仕事を続けられるように「手に職」をつけろとは言われないし、男性ばかりの職場に「子供都合の当日欠席」が多発するという風景もまだ日本にはない。

ともすれば「子持ちVS子なし」的な職場での対立構造にさせられそうな話ではあるが、本当の敵はもっと別のところにいる。

母親である同僚の看護師がいつも「子供都合の当日欠席」をしているとき、父親とその職場は一体何をしているのか。そして、欠員のフォローをしても賃金を上げてくれないのは誰なのか。

すぐに解決するのは難しい問題だが、「子持ちVS子なし」に持っていくことが間違いなことだけは確かだ。

しかし心情として、一方の属性が尊重されているとき、もう一方の属性である自分が蔑《ないがし》ろにされているような気持ちになるのは、かなりよく分かる。

以前私は、電車の女性専用車両に「女性優遇だ」「女尊男卑だ」と文句を言う一部の男性の気持ちが全く理解できなかったのだが、あれは「自分たちは蔑ろにされている」という意味だったのだと、少し分かるようになった。

かといって「そうだよね、女性専用車両、よくないよね」と言うつもりは全くないし、女性専用車両の運賃を男性に負担させているわけでもないので、問題の構造が全く同じということでもないのだが……。

「自分たちは配慮されなくていい存在だ」と社会から言われているような気持ちになると、「配慮されている側」の属性にヘイトを向けたくなるのだ。

少子化が「なんとかしないとマズいみんなの共通課題」となった今、子供や子育て世代をいろんな面で優遇しなくては、という社会の空気は盛り上がってきているように思う。

それ自体は悪いことではないし、盛り上がるの遅えよ！　とさえ思う。

しかし、そういった空気が盛り上がれば盛り上がるほど、「結婚しているのに子供を産んでいない」私のような人間は、どんどん所在ない気持ちにもなったりする。異国で独りぼっちのような気持ちに――。

たとえば、新幹線に乗っていて後ろの席に座っている子供に席を蹴られ続けているとき、私は何も言えなくなる。振り向いて「蹴るのをやめてもらえますか？」と言えばいいだけなのに、「こんなことにいちいち注意したくなるのは、私が子供を産んでいないからなのだろうか？」「子供連れに寛容でないのは、よくないことなんじゃないか」と思って、押し黙ってしまうのだ。

「私は子供を産んでいないのだから、遠慮をするべきだ」という気持ちと、「どうして産んでないほうがいつも黙って譲らなければならないんだ」という気持ちがぶつかる。

たとえば、子供を育てている人と私を含む複数人で話しているとき、どうしても子育ての話題が中心になり、それを私は「大変なんですね」と聞き役に回ることがほとんどだ。

子育て中の人からしたら、自分の時間を好き勝手に生きている私の悩みや近況は、ともすれば嫌味みたいに聞こえることもあるだろうし、「人間を育てる」という偉大な行為をしている人の前では「いや私なんかの話より、あなたの悩みのほうが今ここで話す価値のあるものですよ」と勝手にへりくだってしまう自分もいる。

子育て中の仲のいい女友達と一対一で話すときは、相手の悩みや近況をガッツリ聞くよ！　という気持ちで行くからいいのだけれど、子育て中の人が複数人いる中での会話では「空気」か「傾聴」に徹さざるを得ないことがほとんどだ。

同じようなDINKs仲間とつるめばいいだろうと思われるかもしれないが、相手が子供を持たない人生を望んで選択しているのか、そうせざるを得なかったのか、どういう理由でその選択に至ったのかなどは皆違うし、そしてそういった価値観にかかわることは非常に尋ねにくいので、全く同じような考えの人を見つけてその人たちとばかり一緒にいる、というのは難しい。

そしてどんなに少子化とはいえ、30～40代の大人が集まる場での無難な世間話ではかなりの割合で「子供の話」がメイントピックになりがちで、「子供を持たない人生の話」が話題に上がることはまずない。

職場で、街中で、社会で、自分たちは子供を産んでいないから優先順位が低いということになっていて、それは子供を産んでいる人を優先して助けるべきだからで、なんの間違いでもない。

けれど、そうやって黙ったり、我慢したり、譲ったりしているうちに、細かい傷が増える。細かい傷が増えるとそれは少しずつ膿《う》んでいき、「どこへ行っても私の優先順位が低いのは、子供を産んでいないからなのだ」「子供を産んでいないというのは、価値の低いことなのだ」という呪いになる。

そんなふうには思いたくないのに、そんなふうに思わざるを得ない世界が広がっていて、何が正しいのか分からなくなってしまう。

この傷は、社会からつけられているものなのか、自分が「子供を産んでいない罪悪感」から自分につけているものなのか、その両方なのかは、分からない。

今の私にできるのは、同じ傷を持っている人に「私も同じだよ」と言うことくらいなのだった。

6章

子供を産まない生き方の展望

「耐無秩序筋」を鍛えよ！

ある連休、夫と一緒に地方のリゾートホテルに行ったときの話。

リゾートホテルといっても価格帯はお手頃で、三世代で旅行に来ている家族連れも多く、みんなでワイワイ系の宿である。

食事は朝晩ともに大会場でのバイキングで、「お子様コーナー」にはフライドポテトやウインナーといった子供が好きなメニューが並び、ソフトクリームを作る機械などもあった。

ファミリーで賑わうバイキング会場で、夫婦二人連れはなかなかマイノリティである。もちろんこの「子供連れウェルカム」な空間に、静寂とか落ち着きとかそういう類のものを求めようなんて全く思わないし、そういうものが欲しいのであれば別の場所に行くべきだ。

子供が元気なのはいいことで、家族連れを受け入れられる場所がたくさんあることは、世の中の希望や余力のバロメーターなのではないかとさえ思う。

……が、しかし、本当に正直に言えば、私はこの空間の中で、静かに、わりと引いていた。というか、驚愕していた。

まず、ほとんどの子供がスマホかニンテンドースイッチで動画を見ながら食事をしている。

広いバイキング会場はほとんどの卓を見渡すことができたが、多くのテーブルでブルーライトが四角く光っている光景は、私にとっては驚きだった。

どこか一世帯の子供だけがそうしているのであれば、「あそこのお家はそうなんだな」と思うだろうが、ほとんどすべてのテーブルの子供がそうしている。

これが本当に驚愕だった。

なにしろ、私が子供の頃はスマホもニンテンドースイッチもなく、食事をしながら本でも読もうものなら親に「行儀が悪い」と叱られたものだったので、「動画を見ながら食事」が今の子育ての常識として受け入れられているものなのか、最近の子供は動画コンテンツに慣れているから食事中も見るのが当たり前になっているのか、それとも全く違う別の理由なのか、さっぱり分からなかったのである。

これは「食事中に子供に動画を見せるなんてけしからん親だ！　しつけがなってない！」と糾弾したくなったというより、「今どきって……こうなの⁉」というシンプルな驚きだった。

後日、子育て中の女友達に「今どきってそうなの⁉」と聞いてみたところ、「本当なら食事中に動画は見せたくないし、会話しながら食事を楽しめるのが理想だが、公共の場で大人しく食事をさせておくには動画を見せるしかない。大人が複数人いても、テーブルの上の物を投げたり、席から脱走したりすることは防げない」という返答であった。

どうやら私の中の「子供との食事」のイメージはだいぶ現実と乖離《かいり》していたらしい。

そもそも私が子供の頃は、小さな子供連れで外食できる場所も少なかっただろうし、自分の頃と単純に比較できることではなさそうだ。

他にも、子供がいる家族の卓は、皿から溢れた食べ残しやそれを拭いたナプキンが散乱しており、飲食店で働いたことがある私は、正直「あれ片付けるの、スタッフだったらダルいな……」と思ってしまった。

しかし考えてみれば、子供を育てている人の場合は自分の家のテーブルが毎日そんな感じになるということなのでは？

親をやるって、幸せもたくさんあるのだろうけど、「基本毎日ダルい」ってことなんだな……。散らかったテーブルを毎日拭く人の気持ちを思わずにいられない。

子供の声というのは脈絡や音量の調節なく発されるし、行動も突発的で全然読めない。バイキング会場には縦横無尽に走り回る子や、泣き出す子、歌い出す子など、いろんな子がいた。端的に言ってしまえば「騒がしい」状況なのだが、騒がしいと感じるのは、普段私が大人ばかりの静かで秩序のある空間にばかりいるせいなのだろうな、とも感じた。この空間では我々のほうがマイノリティなのだ。

普段はほとんど家で食事をするか、外食するにしてもファミリーが多いフードコート的な所にはほぼ行かないので、複数の子供連れ家族と同じ空間で食事をする、ということがあまりない我々夫婦。今回のホテルバイキング会場で見た光景には、本当に多くのことに気づかされた。

最も大きな気づきは、「勝手知ったる大人二人同士の、静かで秩序ある生活」に慣れきってしまうと、予測不能な他者（特に子供）の行動に不寛容になっていく危険性がある、ということだ。

子供を育てている人は、日常が予測不能なことだらけだったり、大人が作る秩序が子供によって壊されたりすることに慣れている。

それは無秩序に耐えるための「筋肉」のようなもので、たとえば朝急いでいるときに子供が床にこぼしたミルクを拭くとか、そういうことによって鍛えられるのだろう。

自立した大人二人で生活していると、そうそう秩序は乱されない。

私にはそういった「耐無秩序筋」が少ないため、公共の場で走り回ったり大きな声を出したりする子供にいちいち面食らってしまうのである。

この傾向を私はかなり危険視している。

このままでは、他者のちょっとした言動や行動にいちいちイラつく老人になってしまう。「公園で遊ぶ子供の声がうるさい」とクレームを入れて、公園を使用禁止にまで追い込んだ人がニュースになっていたが、その人も「耐無秩序筋」が痩せ細りすぎていたのかもしれない。これは「どこかの不寛容な人がしでかした迷惑な話」と思いきや、私にとって他人事ではないと思う。

レストランなどで子供がうるさくて困るという意見に対して、よく「静かな空間が欲しければ、それ相応のお金を出して別の空間へ行け」という反応を聞くことがある。たしかに、客単価が高く小学生以下は入店お断り、みたいな店に行けば、大人だけでゆっくり静かに食事ができるだろう。記念日とか、大事な会食なんかではそういう場所に行けばいい。

しかし、常日頃からそうやって静けさや秩序が守られた空間にばかり身を置いていると、社会で「子供」という無秩序な存在と同じ空間に居合わせたとき、どんどん不快に感じるようになってしまわないだろうか。

社会はさまざまな人が一緒に暮らす場所であり、中には自分にとって不快な行動をする人もいる。自分が完全にコントロールできる場所のほうが少ない。

そういう、騒がしくて自分とは異質の人がいる、ある種不快な場所に身を置く訓練をして「耐無秩序筋」を鍛えたほうが、結果的に生きやすくなるのではないか。

「寺の中で生きるよりも、世の中に出て働くことのほうがよほど修行になる」

あるお寺で生まれ育った方が言っていた。

たしかに、お寺には無秩序で予測不能なことをする人はあまりいないそうだ。社会で生きるというのは、異質の者同士が隣り合わせになり、「耐無秩序筋」を鍛える修行なのかもしれない。

私はこのまま子供を持たずに生きるとしても、「公園の子供の声がうるさい」とクレームを入れたり、公共の場で泣き叫ぶ子供に舌打ちしたりする老人になりたくない。そのためには、「夫婦二人で静かな余裕ある暮らし」ばかりをしていてはいけないような気がする。

時には同質性の高いコミュニティから抜け出して、自分たちとは異質な人とかかわり、ある種のノイズを生活の中に入れていく必要がある。

私は仕事でよく新幹線に乗るのだが、理由がない限り自由席に乗るようにしている。車内ではよくPC作業もするので、グリーン車やトレインデスク車両に乗ったほうが集中できそうではあるが、自由席でいろんな人に遭遇することで「耐無秩序筋」を鍛えたいという気持ちもある。

泣く子供、あやす親、酒を飲みはじめる人、平日に旅行しているお年寄りのグループ、外国人観光客。

いろんな人がいろんな場所から乗ってきて、さながら社会の縮図である。

騒がしい子供もいれば、騒がしい大人もいる。

正直不快なこともあるのだが、なんだかんだ嫌いじゃないのでまた自由席に乗ってしまう。

先日、「今日はガッツリ車内で作業をしよう」と思い、珍しくトレインデスク車両に乗った。見渡す限りサラリーマンしかおらず、これはたしかに静かでいいかもと思ったのだが、大きな誤算があった。

通路を挟んで隣の席のサラリーマンが、靴を脱いでPC作業をしている。臭ってくる足。めっちゃ臭い！　ていうか車両全体がなんか、父親の枕みたいな匂いがする！

バイキング会場ではDINKsがマイノリティだったが、トレインデスク車両では女がマイノリティであった。ビジネスの世界はまだまだ男社会。嫌なほうの社会の縮図を見た。

社会には自分が完全にコントロールできる場所のほうが少ない。そしてお金を余分に払った場所であったとしても、自分にとって快適とは限らない……。

「これが、社会で他者と生きるということか」

父枕臭に耐えながら、私はせめてもの抵抗としてロールオンタイプの香水を首元につけて、ＰＣ作業に戻った。

「耐無秩序筋」修行の道のりは、かくも厳しいものである。

子のある幸せ、子のない幸せ

「子供は持たない方向で行こうと思ってるんですよね」と言うと、「それ〝も〟いいですよね」とか、「全然〝あり〟ですよね」と返されることがある。私の考えを否定されているわけではないし、本当に「いいですね」「ありですね」と思ってくれているんだと思うのだけれど、何か引っかかるような気がする。

なんというか、「子供を持つ」が最良かつ最善の選択ではあるものの、そうでない選択も、今どきは受け入れられるべきですよね！　的なニュアンスを感じるのかもしれない。

「子なし」はあくまで例外というか、オプションというか、一段劣《おと》るもの、みたいな。

私の場合は「子供がいなく〝ても〟」幸せというより「子供がいない〝ほうが〟」自分にとっては幸せだと思っているからこういう選択をしているのだが、私のような人

（特に女性）はあまりいないことになっている。

「子供を持たない人生でも幸せになれる」ということを宣伝しすぎてしまうと、より少子化が進んでしまうような気がして、言ってはいけないことになっているのかもしれない。


「子供がいないと、自由でいいですよね」と言われることもある。

それも本当にそうだし、育児に拘束されずに自由を享受したい側面も大いにある。

でも、そこに「子育てに苦労せずに遊んで暮らせていいですよね」的なニュアンスを感じてしまうのは、私がひねくれすぎなのだろうか？

実際まっすぐな性格です！　とは言い切れない人間であるのだが、子なし夫婦というと「遊んで暮らせる人たち」という目で見られることは少なくない。

そして「今は自由で楽しいかもしれないけど、老後に後悔するに決まってる」と内心思う人もいるだろう。

私は、子供を育てている人の幸せを全く否定しないし、なんなら「こんなに楽しい子育ての幸せを知らないなんて、もったいないな」と思えるくらいでいてほしいとさえ思う。

私も「こんなに楽しい夫婦二人暮らしの幸せを知らないなんて、もったいないないな」と内心思っている。

お互いに自分の選択が一番幸せだと思える世界だったら、こんなに平和なことはない。あなたもそれが一番幸せ、私もこれが一番幸せ、それでいいじゃないか。

他者の選択にケチをつけたり、順位をつけたりしたくなるのは、心のどこかで自分の選択に満足できていないからではないか。

私が「夫婦二人暮らしでよかった」と思うのは、たとえば週末の朝。予定がなければ10時半くらいまで布団でゴロゴロしながら、二人でそれぞれ本を読んだり、スマホを見て無益な時間を過ごしたりするのが、最高に贅沢だと思う。

他にも、思いつきで旅行したり、子供に壊されたり汚されたりする心配をせずに壊れやすい家具を買えたりと、「子供がいたらできなかっただろうな」と思うことがたくさんある。

旅行や買い物といった消費行動に限らず、子育て環境や学校の都合を気にせず好きな場所に住めたり、邪魔されずに本を読む時間が取れたり、仕事で少しリスクのあるチャレンジができたり、習い事に思いっきり打ち込めたりと、人生の幅を広げてくれる要素も多い。

「子供がいない人生には深みがない」と言う人もいるが、子供がいないからこそ深められる部分も、確実にある。

こういう話をすると、ますます「子なし夫婦は、子育てに苦労せずに遊んで暮らしてばかりいるキリギリス」的な印象が強まりそうではあるが、私は自由を享受する幸せと同じくらい、誰かのために自分の人生を費やすことも自分自身を幸せにしてくれるのではないかと思っている。

その最たるものが子育てなのだと思うが、子供を持つ選択をしていなくても、「次の世代のために力になりたい」という気持ちは湧いてくるものだ。

韓国の子なし女性たちにインタビューした本『ママにはならないことにしました』(晶文社)に、自分の子供を持つ選択はしなかったものの、途上国の子供を何人も支援し、養っているソヨンという女性が登場する。

彼女は弁護士として働きながら、奨学金団体を作って途上国の女子学生の進学をサポートしている。生活費以外のほとんどの収入をこの奨学金事業に使っているという から驚きだ。

ソヨンは「何よりもこのことから、私自身も心から満たされるものを感じる」と語っている。

現在、夫も私もそれぞれに、途上国や紛争地帯の子供を支援する機関に毎月寄付をしている。ソヨンがやっていることに比べたらゾウと羽虫くらいの規模の差があるが、私には彼女の気持ちがとてもよく分かる。

私のしている寄付は、サブスクと考えると安い額ではないが、実子を養うことに比べれば少ない負担だ。

偽善と言われればそうだし、子供を育てる代わりにするにはあまりに軽い行為ではあるけれど、どちらかと言うと自分が助けてもらうような気持ちでやっている。

もし自分の子供を育てていたとしたら、他の苦しい境遇にある子供のためにお金をかける余裕はないかもしれない。

しかし、子供がいない私には、同世代の平均的な子育て中の女性と比べると、お金が余分にある。それを世界の他の子供に分け与えることは、旅行や買い物や自己研鑽とはまた違った喜びを私にもたらしてくれる。

私は子供を育てない自由を選んでいるけれど、完全に自分のためだけに生きるには、人生は長すぎるとも思う。他者のために、特に次の世代の、子供たちのために何かをしたい。それがエゴでも自己満足でも。

そして、社会のために声を上げたりアクションしたりするのは、私のようにある程度人生の余力がある人間こそやるべきだとも思う。

何も私は「自分がすごく素晴らしい人間である」と言いたいわけではない。

実際、何百人もの子供を大学に行かせてやれるほどの大富豪なわけではないし、ソヨンのように私財をなげうって活動しているわけでもない。私一人にできることは、たかが知れている。

ただ、子供を産んでいなくても次の世代の役に立つことはできるし、そういう行為によって他ならぬ自分自身が救われているのだ。

自分で好きで選んでいる「子供のいない人生」に、それでも時折訪れる「本当にこれでいいのか」という欠落感を、自分が次の世代の誰かの人生にほんの少しでもいい影響を及ぼしている、という事実が埋めてくれる。

「子供を産まずに好きなことばかりして暮らして、子なしは社会にフリーライドしている」という言葉をSNSでしばしば見かける。

これに対して「私は寄付をしたりボランティアをしたり、子供たちのために役に立つことをしているので、フリーライドはしていません」という切り返しができればそれでよいのかといえば、それもまた違うような気もする。

社会の中で何かの役に立たなければ生きていてはいけないかというと、そうではない。

誰だって、なんの役にも立てなくたって、いていいのだ。

そもそも誰かの役に立つということは、社会のためにやるというよりも、究極的には自分の喜びのためにやるものなのだと思う。

子供を産み育てている人だって、結果的に社会の維持に役立っているかもしれないが、「世のため人のため」に子供を産んでいる人はいないはずだ。

他者を育てることや、他者を助けることを、「それをした人には相応のリターンがあり、それをしていない人は義務を果たしていないので、権利が与えられない」と考えることがそもそもおかしい。

子供を持たない選択をした夫婦に対して、「今は自由で楽しいかもしれないけど、老後に後悔するに決まってる」と言う人がいるのは、義務を果たさない者にはそれ相応の報いがないと帳尻が合わない、という考えの表れではないか。

子供を持つ幸せ、子供を持たない幸せ、自分のために生きる幸せ、誰かのために生きる幸せ。

どれを選んだとしても「完璧な幸せ」は訪れない。帳尻なんてみんな一生合わないかもしれない。

幸せは真円ではなく、片方が出れば片方が引っ込むような、不安定で歪んだ形をしているのだと思う。誰もが幸せの反対側に凹みを持っている。人生はままならない。

それでも、自分で選んだ幸せなら、私は凹みも愛して生きていきたいと思うのだ。

子持ちと子なし、距離と線引き

平日の昼間、仕事が休みだったので、行ってみたかったカフェで優雅に読書でもしてやろうと思い、積読のうちの一冊を携えて出かけていったときのこと。

カフェで通された席は、右隣が空席で、左隣には女性二人組が座っていた。小さな店内で、他に客はいない。

飲んでみたかったおしゃれ飲み物（たしかラムが入った甘い何か）を注文し、さあ優雅に読むか、と思って本を開いたものの、隣の女性二人の話が気になってしまい、文章が頭に入ってこない。

聞こえてくる話からすると、二人は子供を育てている母親であり、たぶん小学生の親同士だと分かった。

あそこの小学校の何年何組の担任がどうだとか、習い事の教室がどうとか、最近はクラスの何分の何が中学受験をするとか、子供に起こったトラブルの話とか、とめどなく会話が流れていく。

おそらく、久々に会ってゆっくり話せて嬉しいのだろう。これまで抱えていたさまざまなトピックが溢れ出ては揮発していくような、そんな会話だった。

私は「ママ友同士の話ってこういう感じなのかあ」と聞き入っていたら、今度は空いていた右隣の席に、それぞれベビーカーを押した女性二人組がやってきた。

こちらも言うまでもなく子育て中の母親同士で、ベビーカーに乗っている赤ん坊たちはおそらく寝ている。二人ともおしゃれで、私は「今どきのママってこういう感じなのかあ」と、なんだか感心してしまった。

今どきママ二人組も、「やっとゆっくり話せる！」的なテンションで育児の愚痴や夫への不満を炸裂させている。

もしかしたら普段はおしゃれをする余力はなくて、今日は久々に友達に会うから張り切って来たのかもしれない。

ところで、両脇をママ友二人組に挟まれてしまった私は、本当のところ、居心地はよくなかった。

もちろん、両脇に盛り上がっている人たちがいたら本を読むのに集中はできないし、それはママ友だろうが、高校生だろうが、おじさんだろうが変わりはない。

しかし、「本を読めないこと」だけではない、このなんともいえない座りの悪さはなんだろう？

そのときはあまり深く考えずに店を出てしまったのだが、あとになってもなんとなく引っかかるものがあった。私を居心地悪くさせたもの、それはたぶん「後ろめたさ」なのであった。

「この人たちは、私と違って子育てという大変な義務を果たしている」

「私は、稼いだ金と時間を全部自分のために使って、好きなときにカフェに来て、昼間からちょっと酒が入った飲み物を飲みながら本を読んでいる」

「この人たちと私は違う」

そういう、勝手な線引きと勝手なへりくだりによって、勝手に自分をあの空間の中での異物と認定し、勝手に後ろめたくなって、勝手に店を出たのだ。あの空間に私の居場所はないと思った。

自分でも、とんだ一人相撲ぶりにびっくりする。

いつもは「子供を産んだ人と産んでいない人のあいだに壁はない」とか、「社会が子なしと子持ちを分断させようとしているだけ」と思っているはずなのに、他ならぬ自分自身が子持ちと子なしの自分を素早く線引きし、この人たちの隣にいたくない、と思ってしまったのだ。

「子供が欲しかったのに授かれなかったから、子育てをしている人を見るとつらい」というのとは違う。

自分とは違う道を選んでいる人たちに囲まれても堂々としていられるほど、自分の人生に自信が持てていないのだ。

もっと正直に言えば、私は両隣の母親たちを心のどこかで見下したのかもしれない。

「私はあなたたちと違って、本を読める自由な時間がある」

「私はあなたたちよりも余裕のある暮らしができる」

「私はあなたたちよりも幸せ」

そう思うことで自分の選択を肯定しようとした。そして、他でもないそんな自分自身に一番、居心地の悪さを感じたのだ。

世の中には、「子供のいる人生は素晴らしい」と言ってくれるコンテンツは数多《あまた》あるけれど、「子供のいない人生は素晴らしい」と言ってくれるコンテンツはほとんどない。

「親子愛の素晴らしさ」がテーマの明るくて笑える物語は数あれど、「子供のいない夫婦」が主人公の物語は決まって「喪失との向き合い方」や「悲しみを乗り越える」的なトーンである。

誰も、私たちの選択が掛け値なしに素晴らしいものだとは言ってくれない。だから時折不安になるし、自分たちの選択を肯定する材料を探してしまう。それはときに「違う選択の否定」という形をとる。

子供を持とうが、持たない人生を歩もうが、自分も含め当人が幸せならそれでいいと思っているはずなのに、自分と違う選択をした人とも手を取り合って生きていきたいと思っているはずなのに、実際は隣にいるのもなんだか嫌な日があるのだ。

しかし、そんなふうに子持ちと子なしで勝手に「線引き」をしてしまう私が驚いた出来事があった。

とあるメディアで「子供を持たない選択」についてインタビューを受けた際、ｗｅ

bの記事が出たのでSNSでシェアした。

それまでは、子供を持たない選択についての発信をそこまで頻繁にしていたわけではなかったし、大きなメディアでのインタビューということもあって、シェアするのに少し緊張が走った。

私のXやInstagramのフォロワーには、ネット上での私しか知らない人もいれば、リアルで付き合いがあり、逆に私の仕事や考え方についてはあまり詳しく話していない人もいる。

中には「子供を持ったほうが絶対幸せだ」と思っている人や、結婚したのに子供を持たない人に対して内心よく思っていない人もいるだろう。子供を育てている人からしたら、私の言っていることは不愉快に思うこともあるかもしれない。

そうは言っても、せっかく大きなメディアにインタビューしてもらったので、少しでもPVに貢献したいし、心のどこかでは「私の思っていることを聞いてほしい」という気持ちもあったので、ええいままよ、引かれても知るか、という気持ちでシェアボタンを押したのだった。

結果として、独身や子供を持たない友人知人から「すごくよかった」「言いたかったことを言ってくれてありがとう」という感想をもらえて、インタビューを受けてよかったなと思ったのだが、予想外の人たちからも「記事見たよ」と声をかけられるようになった。

母をやっている友人知人たちである。

ともすれば、彼女たちの選択を否定しているように取られても仕方がない内容であるにもかかわらず、「すごく気持ちが分かるよ」「真剣に考えていて、すごいと思うよ」「私も同じようなことを考えたことがある」と、わざわざ声をかけてくれる人たちが何人もいたのだ。

そのとき私は、自分が勝手に引いていた線引きが、スッと溶けていくような気がした。

〝違う〟と思っていたけれど、本当はそんなに違わなかった。

今は形として違って見えていても、かつてはみんな同じように子供を持たない人たちで、今だって自分の選択に満足していたとしても、何の悩みも後悔もないわけがない。

勝手に線を引いて遠ざかるのは、本当はすごくもったいないことだったのかもしれない。私たちの現在地は違っても、時には手を取り合えるのかもしれない。

それ以降、子供を持つ友人知人とそういうテーマについてよく話すようになったわけではないけれど、なんとなく前よりも居心地がよくなったように思う。

「本当は私の考え方をよく思われていないんじゃないか」という疑念が消えて、私は子供がいないまま、その人たちは子供を持ったまま、それが普通として、過度にへりくだったり遠慮したりせずに一緒にいられるようになった気がする。


違う立場の人と隣り合わせてもお互いに居心地よくいられるために、自他の境界線を引くことは必要不可欠だ。

しかし、はなから分かり合えないと線を引いて遠ざけるのではなく、自分から自己開示をしたうえでそれぞれの選択を尊重することも、きっと不可能ではない。

私が引いた境界線は、うず高くなるにつれ、いつしか自分を守るためのバリケードのようになっていたのかもしれない。もう少し他者を信じて、自分の庭と他者の庭をたまに行き来するような、風通しのいい人付き合いをしたい。

遠ざかる諦念より、近づく勇気を持ちたい。そんなふうに今は思える。

子なしって200色あんねん

子供を持たないことについて、自分のスタンスを言い表す言葉が必要なとき、いつも困っている。ちょうどいい言葉が、ない。

SNSなどのプロフィールには「DINKs（仮）」と書いているが、これもめちゃくちゃしっくりきているかというと、微妙だ。

「DINKs」とは「共働きで子供を意識的につくらない、持たない夫婦、またその生活観のことを指す。英語の"Double Income, No Kids"または、"Dual Income, No Kids"（倍の／2つの収入、子供なし）の頭文字などを並べたものである」とあるが、そこまで明確に「子供は持たないぞ！」と決意しているわけでもなく、日によって考えも多少揺らぐこともある。何かの拍子で私と夫どちらかが失業してシングルインカムになることもあるかもしれないが、そうなったとしても子供を持つかどうかの考え方にはあまり影響しなさそうではある。一時的にSingle Income, No Kidsになったとしたら、いちいちプロフィールを「SINKs（仮）」に書き換えるのか？　それはそれでめんどくさい。

そんな思いから、「私たちはDINKsです」と迷いなくラベルを貼れるかというと、うーむ……となってしまうので、とりあえず（仮）をつけてごまかしている。

「選択的子なし」と表記する人もいるが、私にはこの「なし」という文字も、どうにもしっくりこない。

どことなく、「金なし」とか「職なし」みたいな〝それじゃダメ感〟が滲《にじ》み出ている気がするし、そもそもあまり望んでいないから持っていないだけなのに、「〇〇なし」と形容されるのは、なんだかなあ。ずっと「−（マイナス）」のレッテルが貼られているようで、気分はよくない。

「チャイルド・フリー」という言葉があることも最近知った。

「子供を持たない人生のほうが豊かであり、子供をつくるつもりがないと考える人々のこと」である。この言葉の定義するところと、私のスタンスはおおむね当てはまりそうではあるのだが、「チャイルド・フリー」という言葉もやっぱりなんだかしっくりこない。

「〇〇フリー」と聞いて思い浮かぶのは、「シュガーフリー」とか「グルテンフリー」とか、「本当はあまりないほうがいいものが入っていません」という使われ方だ。

私は子供を糖質みたいに忌避《きひ》しているわけではないし、日本語話者の感覚としては、子供を持つ人の前で「私はチャイルド・フリーなんです」とは、なかなか言いにくいのではないか。

こうして、自分の子供を持つことへのスタンスを誰かに説明しなければいけないときには、「まあ、今のところはナシの方向でもいいかなって……」とか、「二人でやってくのも楽しいかなと……」とか、ボンヤリした表現になり、テキストで記載するときには（仮）をつけてなんとなくニュアンスをぼかしたり、そういう感じでやり過ごしているのだった。

そもそも、子供が欲しい人の場合は「子供、欲しいんですよね」で終わる話なのに、欲しくない人の場合はなぜこんなに説明や言い訳が必要なのだろう。
「子供が欲しい人」には属性の名前がなく、「子供が欲しくない人」にはいろいろな呼称があるのは、前者は名付けが必要ないほど当然というか自然な存在で、後者がイレギュラー扱いされているからに他ならない。

私としてはこの選択こそが自分にとっての自然な流れの結果であって、子供を持とうとするほうがよほど自分にとって不自然に感じているのだと思う。

いいと思うほう、マシだと思うほう、違和感の少ないほうを選んだ末に子供を持たない選択をしているのに、「DINKs」や「選択的子なし」や「チャイルド・フリー」といった名前をつけることで、「何か特別な思想を持っている属性」「強い意志を持って〝あえて〟そうしている人たち」というニュアンスが付加されるのが嫌なのかもしれない。

もともと野菜が大好物で肉が苦手な人は、そんなに深く考えず、大きな決意などもせず、自然な流れで野菜中心の生活をしているのだろうから、「ヴィーガン」と呼ばれてもピンとこないかもしれない。

たぶんそれに似ている。

自分のスタンスを表す言葉がなくて困っているようで、本当はそもそも名付けられたくも括られたくもないのかもしれない。

実際、同じ「子供を持たないパートナーシップ関係の二人」であっても、その理由や考え方は千差万別すぎて、とても何か一つの属性には括れないと感じる。

まず、「持てない」のか「持たない」のかの大きな違いがあり、両者は子供という存在に対して正反対と言っていいほど違う思想を持っている。

前者にとって子供は「欲しかったけれど諦めたもの」であり、後者にとっては「必要としないもの」なのだ。同じ属性に入れようといったって無理がありすぎる。

「持たない」勢の中にもさまざまな人がいる。

子供が嫌いでどちらかというと忌避している人もいれば、私のように嫌いじゃないけど育てるのはなあという人、夫と妻のどちらかは子供が欲しいが、もう一方はそうではないので持たないことにならざるを得なかった人など。

「選択的子なし」と言われる人たちであってもそのスタンスは多様で、グラデーションがあり、だからコミュニケーションに気を遣う。

中にはSNSで子供を持つ人を「子持ち様」などと言って攻撃する輩《やから》もいるが（そういう手合いが本当に選択的子なしの人間なのか、選択的子なしを装ってヘイトを吐いて耳目を集めたいだけなのかはさておき）、そういうのと私が「子供のいない人」という括りで一緒くたにされたらたまったものではない。

同性のパートナーシップ関係の二人であれば、子供を持つならどのような手段でそうするのか、持たないのであればそれはやむを得ずなのか選択的なものなのかなど、さらにスタンスは分岐する。

こんなに複雑な事柄を一つの属性として言葉に表すなんて無理だ。

子なしって200色あんねん！

もちろん、名前がつくことで救われることや、安心できる場合もある。原因不明の体調不良に病名がついて対処法が分かったり、なんとなく嫌な気分になるコミュニケーションが「モラルハラスメント」という名前があるものだと知って、自分は被害者であると認識できたり――。

しかし、大きな括りに入れられることで、自分が大切にしている小さなこだわりや気持ちの揺らぎといった、「端数の部分」がバッサリ切り捨てられて、なんだかしっくりこないということだってある。

私が子供を持たない理由にはきっとこの、「端数の部分」がたくさんあるんだと思う。はっきり言い切れないけど黙って流されるのも違う、矛盾しているけど間違っているとも思わない、迷っているようで明確で、自信がないようであるようで、でもちゃんと存在する、私の気持ちの端数。

そんな端数を切り捨てずに、ちゃんと数えて扱った先にあるのは、どうやら子供がいる生活ではなさそうなのだ。

集めた端数、200色かそれ以上の微妙な差分の「子のない生き方」たち。

そこにあるのは、ただの「それぞれの選択と生活」だ。

私たちは私たちなのであり、「子供を持たないこと」そのものに私たちのアイデンティティはない。ただ私たちの選択があり、生活があり、悩みがあり、幸せがある。

それだけのことなのに、どうして堂々としていられないんだろう。

本当は、「子供を持たない選択をしている」ということとその理由を、いちいち説明しなくて済むようになりたい。

選択に名前がいらないくらい普通で、他者にとやかく言われないようになれたらいいのに。

だって私たちは「子供を持たない選択」をしているのではなく、「私たち」として生きることしか、最初から選択していないのだから。

おわりに

「はじめに」で、

「『子供を持たない選択』について本を出してしまったら、本当に〝そっち〟に舵を切ることになって、もう戻れないかもしれない」という怖さもあった。

と書いた。

実際、書き進めながら内心「これは本当に正しい行為なのだろうか」とビビっている自分もいた。しかしその反面、書きたいことはどんどん溢れてきて止まらない。この悩みを自分の心の中だけに押し留めておくのはもう限界だったのだ。

書きながら、もう一人の自分と対話しているかのようだった。上がった原稿は知らない他者の言葉を読んでいるような気分になる一方で、「ずっと言いたかったことを言ってくれてありがとう」とも思えた。私は、本当は、こんなことを考えていたのか。

社会生活を送っている〝ガワの自分〟は、やはりまだまだ社会通念や他者の声を気にして「子供を持ちたいと思えない理由」を正直に言葉にできずにいた。「それについて本にする」という強制力によって初めて、本当の気持ちを余すことなく吐き出せたのだと思う。

子供を持つことによっていろんなことが変わるのが怖い、失われるのが怖い。

しかし、そんな感情を正直に書いてみて、逆説的に「子供を持たないことなんて、私の中の一つの面でしかない。子供を持とうが持たなかろうが、私という人間のコアは変わらない」と思えるようになった。子供を持つことにも持たないことにも、あんなにおっかなびっくりになっていたのに、散々苦悩した結論が「どっちを選んでも本質は変わらない」だとは。なんとも拍子抜けである。

「そっちに舵を切ることになって、もう戻れない」かもしれないけれど、それがどうした。子供を持つか持たないか、そこに私のアイデンティティはない。どっちに転んだって、結局私はこの私しかいなくて、それでいいのだ。そんなふうに、書くごとにどんどん気が楽になっていって、今はとても清々しく、軽やかな気分でいる。

「子供を持ちたくない」と言葉にして世の中に見せると、いろんな人から言葉をもらう。好意的な言葉から、ちょっと「え？・？・」みたいな言葉まで（この本が出たら「え？・？・」のほうの割合が増えることは容易に想像できてしまう。どうせ批判するならもっとひねりのあることを言ってくれ）。

もちろん同じような悩みを持つ人に共感してもらえたら嬉しい。しかし、子供を持つことについては同じような考えだとしても、人として分かり合えるとは限らない。逆に、子供を育てている人とだって、心の深いところでつながり合えることもある。子供がいるのかいないのかは、人生の中の重要な選択肢ではあるものの、その人の全てではないのだ。

「子育て」とか「仕事」とか「出身地」とか、そういうカテゴリ分けの体験は、同じカテゴリなら同じ経験、同じ感情、同じ変化をもたらすかというと、実は全くそうじゃない。

私が仕事で感じた感情を子育ての中で感じる人もいるかもしれないし、同じ子なしの人生でも全く違うことを感じている人もいる。

「子供を産んだ人」と「そうでない人」の人生すごろくのルートが分かれているわけではなくて、みんなそれぞれに違うルートが描かれた人生すごろくの盤面を歩んでいるのだ。当たり前だけど。だから、他の人がどのコマにいるのかを気にすることに意味などなかった。死ぬほど複雑で解決不能な悩みで、一生こんがらがって解けないと思っていたのに。本当はすごく簡単なことだったのだ。

この本を手に取ってくださった方が、自分の人生すごろくの盤面を健やかに歩んでいけることを、心から願っている。納得いかないコマに止まることも思わぬ目が出て絶望することもあるかもしれないけれど、みんなそれぞれ一通りしか選択できない道を歩いているという点で、私たちは皆等しく孤独で、同じくらい孤独ではない。あなたの旅路になるべく幸多からんことを、世界のどこかで祈っている。

最後に、ネットの隅で細々書いている無名の私を見出してくれた、同じくDINKs(仮)の担当編集吉盛さん、この本の製作・販売にかかわってくださったすべてのプロフェッショナルのみなさん、昔から私の書いたものを面白いと言って励ましてくれた友達や職場の人たち、ポッドキャストを聴いたりお便りを送ったりしてくれるリスナーのみなさん、今でも分かり合えなさすぎるけれど私を産み育ててくれた母、いつも一番近くで私のことを信じて応援してくれる最愛の夫に感謝して、この本を終えたいと思う。

月岡ツキ

大和ハウス工業「共働き夫婦の『家事』に関する意識調査　第3回～『名もなき家事』をやっているのは誰か編～」、2017年4月、
https://www.daiwahouse.co.jp/tryie/column/build/dual_income/page03.html

熊代亨
『人間はどこまで家畜か　現代人の精神構造』ハヤカワ新書、2024年

阪井裕一郎『結婚の社会学』ちくま新書、2024年

厚生労働省「令和5年（2023）人口動態統計月報年計（概数）の概況」、
https://www.mhlw.go.jp/toukei/saikin/hw/jinkou/geppo/nengai23/dl/gaikyouR5.pdf

全国医療的ケア児者支援協議会「医療的ケア児者を育てながら働くということ障がい児を育てながら働く綱渡りの毎日」、2023年7月5日、
https://www.asahi-welfare.or.jp/welfare/pdf/news/work-parenting/material_20230701.pdf

厚生労働省「1．医療的ケア児について」「医療的ケア児等とその家族に対する支援施策」、
https://www.mhlw.go.jp/stf/seisakunitsuite/bunya/hukushi_kaigo/shougaishahukushi/service/index_00004.html

バイエル薬品株式会社「現代女性は月経の回数が多すぎる」、2019年8月、
https://pharma-navi.bayer.jp/sites/g/files/vrxlpx9646/files/2020-12/FLX190106.pdf

猪熊律子「なぜ？ フランスやスウェーデンの出生率低下から、日本の少子化の本質を考える」読売新聞オンライン、2024年5月23日、
https://www.yomiuri.co.jp/column/anshin/20240521-OYT8T50068/

赤川学『子どもが減って何が悪いか！』ちくま新書、2004年

URLの最終閲覧日：2024年11月19日

参考資料

チェ・ジウン（著）、オ・ヨンア（訳）
『ママにはならないことにしました　韓国で生きる子なし女性たちの悩みと幸せ』
晶文社、2022 年

オルナ・ドーナト（著）、鹿田昌美（訳）
『母親になって後悔してる』新潮社、2022 年

松永倫子（2021）
「ヒトの養育行動を支える神経生理学的基盤と母親の表情知覚の個人差」、「発達心理学研究」第 32 巻　第４号、184-195 ページ、
https://www.jstage.jst.go.jp/article/jjdp/32/4/32_184/_pdf

国立社会保障・人口問題研究所「現代日本の結婚と出産ー第 16 回出生動向基本調査（独身者調査ならびに夫婦調査）報告書ー」調査研究報告資料　第 40 号、2023 年８月 31 日、
https://www.ipss.go.jp/ps-doukou/j/doukou16/JNFS16_reportALL.pdf

サンシャイン水族館「ゴリラってどんないきもの？　ゴリラの種類や生態について調べてみた！」、いきふぉめ〜しょん、2020 年５月 26 日、
https://onlineshop.sunshinecity.jp/blog/post-963/

ビッグローブ株式会社「『将来、子どもがほしくない』Ｚ世代の約５割 BIGLOBE が『子育てに関するＺ世代の意識調査』を実施」、
2023 年２月21日、
https://www.biglobe.co.jp/pressroom/info/2023/02/230221-1

大津市「小中学校における児童生徒のリーダーシップ及び男女共同参画に関する調査　最終報告書」、2020年３月、
https://www.city.otsu.lg.jp/material/files/group/111/gendersurveyresurtre-port.pdf

日本労働研究機構「育児や介護と仕事の両立に関する調査報告書」、
2003 年９月、
https://www.jil.go.jp/kokunai/statistics/doko/h1507/documents/ikuji.pdf

厚生労働省「令和２（2020）年医療施設（静態・動態）調査（確定数）・病院報告の概況」、2022年４月27日、
https://www.mhlw.go.jp/toukei/saikin/hw/iryosd/20/dl/09gaikyo02.pdf

月岡ツキ（つきおか・つき）

ライター・コラムニスト

1993年生まれ。長野県出身。大学卒業後、webメディア編集やネット番組企画制作に従事。現在はライター・コラムニストとしてエッセイやインタビュー執筆などを行う。働き方、地方移住などのテーマのほか、既婚・DINKs（仮）として子供を持たない選択について発信している。既婚子育て中の同僚と、Podcast番組『となりの芝生はソーブルー』を配信中。マイナビウーマンにて「母にならない私たち」を連載。創作大賞2024にてエッセイ入選。X（旧Twitter）：@olunnun

産む気もないのに生理かよ！

2024年12月15日　第1刷発行
2025年7月5日　第3刷発行

著　者　月岡ツキ

発行者　矢島和郎
発行所　株式会社 飛鳥新社
〒101-0003
東京都千代田区一ツ橋2-4-3　光文恒産ビル
電話（営業）03-3263-7770
　　（編集）03-3263-7773
https://www.asukashinsha.co.jp

本文デザイン　佐藤亜沙美
校　正　円水社

印刷・製本　中央精版印刷株式会社

ISBN978-4-86801-046-3

編集担当　吉盛絵里加